日本のヴァイオリニスト

弦楽器奏者の現在・過去・未来

本間ひろむ

光文社新書

まえがき

「サンノゼの一間きりのアパートでヴァイオリンの稽古をする男と住むのは、ひどい難儀なのよ」空っぽの拳銃を手渡して、彼女は警察にそういった。

リチャード・ブローティガンの短編集『芝生の復讐』に収録されている『スカルラッティが仇となり』という短編小説（というか掌編ですね）の全文である。

いきなり物騒な話で恐縮だが、彼女が手にした拳銃は空っぽだった。ということは、6発しか装弾できないリボルバーだとしても、ヴァイオリンの稽古をしていた男は6発の弾丸を喰らっていたことになる。彼女の怒りの熱量を考えると、どれだけひどい音だったんだろうと思ってしまう……。

ピアノはその美しいキーを指で叩くだけできれいな音が出る。

しかし、ヴァイオリンはそうはいかない――。

初心者が弾くとギーコギーコと雑音にしか聞こえない。『ドラえもん』に登場するしずかちゃんのヴァイオリンの音も、『サザエさん』のマスオさんのヴァイオリンもそんな感じだ。

しかも、ヴァイオリンはギターのようにフレットがあるわけではないので、音程をキープするためには正確な位置を指で押さえる必要がある。

その草木も生えていない石ころだらけの場所からスタートして、美しい音を出し、音程をキープし、豊かな音楽を創り出すまでどれだけの時間がかかるのだろう――。

そんな手強い楽器だけれど、しずかちゃんのような美少女が弾くとやはり絵になる。


その昔、『中学三年コース』（学習研究社）という学習雑誌があった。その雑誌のモノクロ・グラビアにヴァイオリンを抱えた美少女がいた。

千住真理子。慶應義塾中等部の3年生。凛とした佇まい、知性の光を宿したまなざし――ここで一目惚れをしましたと書けばいいのだけれど、ふうとため息が出たというのが本当のところ。70年代後半のことだ。

同じ中学3年生だというが、私が通っていた東京郊外の公立中学にヴァイオリンを習っている友達はひとりもいなかった。せいぜいピアノのお稽古に通う友達が数人いるくらいだ。あとは、ブラスバンドでトランペットやサックスを演奏しているくらいか。

それにしても、ヴァイオリンの天才少女って何だ!?『N響アワー』かなんかでバッハの《2つのヴァイオリンのための協奏曲》を弾いていた少女を見た気がするが、あれが千住真理子だったのか――。

ただ、天才少女と世間で騒がれたがゆえに彼女は相当苦労したらしい。

「どのオーケストラにソリストとして行っても、大人である団員たちは、皆少し距離を置いたような目で見るのです。『弾いてごらん』みたいな。その空気は十五歳の私にとってきつくて、どうしていいか分からない。私も普通の人間なのにと思って弾くのですが、少し間違えるとぱっと見るわけです。そら、『天才なのに間違えたぞ』と。それが中学高校時代にソリストとして活躍していた私を包んでいた空気でした」(『ヴァイオリニストは音になる』千住真理子)

そんなプレッシャーに耐えきれず、20歳で彼女はヴァイオリンから遠ざかることになる。

2年後、彼女はホスピスでの演奏をきっかけにヴァイオリンを手にステージに戻り、さらに数十年たってから念願だったン億円はするストラディヴァリウスを手に入れる。すったもんだの挙句である。それから千住真理子の音はがらりと変わった。艶が出たし、音楽そのものが美しくなった。

前著『日本のピアニスト』でも、ショパン・コンクールで角野隼斗《すみのはやと》はスタインウェイ300を弾いただの、2位になったアレクサンダー・ガジェヴはカワイをチョイスしたみたいなことを書いたのだけれど、ヴァイオリニストにもやはり楽器の話はつきものだ。

宮本笑里に取材した時、彼女のヴァイオリン（1720～30年製「DOMENICO MONTAGNANA」）について訊ねたら、

「イタリア製なんですけど、最初の数ヶ月は全然音が出てくれなかったです」

と言っていた。

だとしたらン千万円もするストラディヴァリウスやグァルネリ・デル・ジェスなどの名器ならイメージ通りの音を出すまでに相当な時間がかかりそうだし、自分の音楽を表現できるまではさらに時間がかかるはずだ。

そして、彼女もちゃんと草木も生えていない何もない場所からスタートしてあそこまで活躍しているのだ。

ピアニストにはベートーヴェンやモーツァルト、ショパンなど18世紀～19世紀の大作曲家たちの楽曲があり、それらをいかに弾くかがピアニストに与えられたテーマである。

ヴァイオリニストはどうか――。

『モオツァルト』などの名著で知られる評論家・小林秀雄の言葉を、諏訪内晶子の『ヴァイオリンと翔る』から引いてみよう。


世の中には、ストラディヴァリウスを上手く鳴らすヴァイオリニストと、グァルネリ・デル・ジェスを上手く鳴らすヴァイオリニストと、二通りのヴァイオリニストがいるということですよ。ヴァイオリニストというのは、要するに、この二つの楽器が本来もっている音を、どうやって完全に弾き出すかという仕事をする人のことを言うんです。

18世紀に製作されたイタリアン・オールド、そうストラディヴァリウスやグァルネリ・デル・ジェスをいかに演奏するかがテーマなのである。

あのニコロ・パガニーニ（1782年、ジェノヴァ生まれ）の愛器はグァルネリ・デル・ジェス1743年製「イル・カノーネ」である。この〝歴史的な名器〟はパガニーニの没後ジェノヴァ市に寄贈され、最近ではフランチェスカ・デゴ（1989年、イタリア生まれ）がレコーディングに使用して話題を呼んだ。だが、長期貸与されたわけではない。

彼女は普段はレオンハルト・フローリアン楽器商会より貸与された1734年製グァルネリ・デル・ジェス「Ex. リッチ」で演奏しているのだ。

こんな〝歴史的な名器〟とまではいわないが、日本にも幸か不幸かこうしたイタリアン・オールドの名器を手にした（または将来手にするであろう）弦楽器奏者が大勢いる。

草木も生えていない石ころだらけの場所からスタートして、誰に撃たれることもなく、大きな音楽家になった（もう少しでなる）人たちだ。

本書はそんなヴァイオリニスト、ヴィオリスト、チェリストの物語だ――。

※尚、ヴァイオリンの表記は「鈴木バイオリン製造」という社名を除き、すべてヴァイオリンと表記します。
また、日本音楽コンクールはホームページ上などで「バイオリン部門」という表記を使っていますが、こ

ちらもヴァイオリンに統一します。ただし、参考文献からの引用部分に限り、そのまま「バイオリン」という表現を使います。

日本のヴァイオリニスト

弦楽器奏者の現在・過去・未来

目次

まえがき 3

序章 日本のヴァイオリン王・鈴木政吉 21
ヴァイオリンの故郷はイタリア・クレモナ 23
ヴァイオリニストは黒船とともにやって来た 25
和楽器職人による国産ヴァイオリン第1号 27
楽壇の父・伊沢修二に認められた 31
世界で売れまくる和製ヴァイオリン 34
一流ヴァイオリニストの来日ラッシュ 37

第1章 2人のアウトサイダー
——幸田延と鈴木鎮一 41

アメリカ帰りのスーパーウーマン 43
船上で出会う2人のアウトサイダー 46
鈴木クワルテットがブレイク 49
チェリスト齋藤秀雄登場！ 51
日本の楽壇を育てた外国人教師たち 54

第2章 小野アンナ門下の天才少女たち 59

アウアー門下の才媛ヴァイオリニスト 61
元祖天才少女・諏訪根自子 64
アンナ門下生が音楽コンクールで1位に 69
阪神間モダニズム 72
ゲッベルスの贈り物 77

第3章 スズキ・メソードと弦の桐朋 83
終戦、そして新しい教育システム 85
才能教育研究会の誕生 87
子供のための音楽教室 91
カーネギー・ホールの舞台に立つ 96
第4章 ソ連を選ぶか、アメリカへ飛ぶか―― 99
ソ連で学ぶ天才少女たち 101
レニングラードからニューヨークへ 104
ドロシー・ディレイの冴えたやり方 107
東京クヮルテットと原田幸一郎 110
ノヴォシビルスク派とチュマチェンコ門下 113
ピリオド楽器のトレンドと原典版回帰 116

第5章 ストラディヴァリウスか、グァルネリ・デル・ジェスか 119
数奇な運命のストラディヴァリウス 121
タングルウッドの奇跡 124
東欧で愛されたヴァイオリニスト 127
千住真理子の受難 131
諏訪内晶子の選択 135
音楽財団という「あしながおじさん」 139
第6章 就職先はオーケストラ――弦楽器奏者たちの選択 145
ベルリン・フィルを率いる――安永徹と樫本大進 147

岡田伸夫の弟子たち 151
堤剛というチェロの巨人 156
サイトウ・キネン・オーケストラと水戸室内管弦楽団 159
弦楽四重奏団とピアノ・トリオ 165
鈴木雅明率いるＢＣＪ 171

第7章 クラシックの枠を超えて
——新世代の弦楽器奏者たち 177

クライズラー&カンパニーとVanilla Mood 179
12人のチェリストとスーパーチェリスツ 181
ジャズ・ヴァイオリニストの系譜 184
日本人ヴァイオリニストの現在地 188

付録　日本のヴァイオリニスト・ディスコグラフィ30　195

○諏訪根自子　198
○江藤俊哉　199
○前橋汀子　200
○今井信子　202
○藤川真弓　203
○安永徹　204
○堀米ゆず子　205
○千住真理子　206
○竹澤恭子　207
○川井郁子　208
○五嶋みどり　209
○諏訪内晶子　210
○樫本大進　212

○宮本笑里 213
○木嶋真優 214
○庄司紗矢香 215
○神尾真由子 216
○五嶋龍 217
○佐藤晴真 218
○三浦文彰 219
○廣津留すみれ 220
○周防亮介 221
○上野通明 223
○石上真由子 224
○服部百音 225
○東京クヮルテット 226
○葉加瀬太郎・高嶋ちさ子・古澤巖 228
○川久保賜紀・遠藤真理・三浦友理枝トリオ 229

○サイトウ・キネン・オーケストラ　230
○水戸室内管弦楽団　231
あとがき　233
参考文献　237

目次・章扉デザイン　板倉　洋

序章　日本のヴァイオリン王・鈴木政吉

ヴァイオリンの故郷はイタリア・クレモナ

16世紀後半には既にヴァイオリンは完成をみていた。
現存する最古のヴァイオリンはアンドレア・アマティ（1505年、クレモナ生まれ）が1560年頃に製作のex "Kurtz" で、ニューヨークのメトロポリタン美術館が所有している。アンドレアの2人の息子、アントニオとジローラモもヴァイオリン職人で、ジローラモの息子ニコロ・アマティ（1596年、クレモナ生まれ）こそアマティの名を後世に伝える名器を作ったヴァイオリン職人なのだ。

そして、ニコロ・アマティの弟子にはアントニオ・ストラディヴァリ（1644年／48年／49年、クレモナ生まれ）とアンドレア・グァルネリ（1626年、クレモナ生まれ）がいた。ストラディヴァリ家もグァルネリ家も一族がヴァイオリン職人でいろんな名前が出てくるが、アントニオ・ストラディヴァリこそ世に名高い〝ストラディヴァリウス〟の主な製作者。

一方、アンドレア・グァルネリの孫バルトロメオ・ジュゼッペ・グァルネリ（1698年、クレモナ生まれ）は、のちに〝グァルネリ・デル・ジェス〟と呼ばれる名器の製作者だ。彼が製作したヴァイオリンの胴内のラベルにキリストを示す「ベルナルディーノの徴《しるし》」のロゴマークがあるため、特に「グァルネリ・デル・ジェス」（イエスのグァルネリという意味）と呼ぶのだ。彼のヴァイオリンはグァルネリ一族の中でもとびきり音がよく、多くの演奏家の垂涎の的になっている。

数百年後になっても、だ。

このように、クレモネのアマティ一族、ストラディヴァリ一族、グァルネリ一族が複数のヴァイオリン職人を輩出していて、特にニコロ・アマティ、アントニオ・ストラディヴァリ（彼と息子2人の作品を「ストラディヴァリウス」と呼ぶ）、バルトロメオ・ジュゼッペ・グァルネリ（彼のヴァイオリンは「グァルネリ・デル・ジェス」ですね）が製作したヴァイオリンは、人気のイタリアン・オールドの中でも、〝名器〟と呼ばれているのだ。のちの世まで。

アントニオ・ストラディヴァリもジュゼッペ・グァルネリもニコロ・アマティの弟子（または弟子筋）なんだけれど、品行方正まじめにヴァイオリンやヴィオラやチェロを作り続けたアントニオに対し、ジュゼッペは酒飲みで、喧嘩っ早く、結果、アントニオは大金持ちになり子沢山（十数人！）になったが、ジュゼッペは人を殺《あや》めて牢獄に入った。

製作者の生き様がそのままヴァイオリンの音に出るのか出ないのかは演奏者たちに訊いてみないと分からないが、こうしたライフストーリーをも背負って彼らは演奏をしているのかも知れない。

ちなみに、まえがきでも触れたが、あのニコロ・パガニーニの愛器はグァルネリ・デル・ジェス1743年製「イル・カノーネ」である。

ヴァイオリニストは黒船とともにやって来た

では、日本にヴァイオリンが伝わったのはいつか？

16世紀後半には宣教師がヴィオラス・デ・アルコという弦楽器を持ち込んでいたり、鎖国政策をとっていた江戸時代には長崎の出島にヴァイオリンを演奏するいわゆる「黒坊」と呼ばれる外国人の使用人がいたが、これは閉じられた空間においての限られた人々しか見ることができなかったもの。

本格的に我々日本人がヴァイオリンを演奏している姿をオープンな空間で見る機会は、あのペリーの黒船とともにやってきたのだ。

アメリカ海軍・東インド艦隊司令長官マシュー・ペリーが浦賀に来航したのは1853年（嘉永6年）と翌54年（嘉永7年）。その2度目の来航の「ミンストレル・ショー」と呼ばれるパーティに際して音楽演奏や演劇が行われた。日米和親条約が合意される見込みがついたタイミングで、幕府や浦賀の役人を船の甲板に招いてショーが繰り広げられたというわけだ。

このショーでヴァイオリンが演奏された。バンジョー、タンバリン、ボーン・カスタネット、トライアングルといった楽器とのアンサンブル（合奏）である。

最初は甲板で行われていたミンストレル・ショーの一行はやがて日本に上陸し、1954年3月に横浜、5月に箱根、6月に下田、7月に那覇でショーを行った。これは、行く先々で政府等の要人を接待するための一種の外交ツールである。

1859年（安政6年）には横浜が開港して外国人居留地ができると、来日した外国人によってヴァイオリンのほか、ピアノやオルガンなど主だった西洋楽器が日本に持ち込まれ、当地で演奏されていたのだ。

明治維新（1868年）の10年前にはこうした西洋楽器が演奏されていたのだけれど、たとえば作曲家の山田耕筰（1886年、東京生まれ）は少年の頃、築地の外国人居留地の異人館から流れてくるピアノの音に惹かれてしまった。

「その音楽が聞こえ出すと、日が落ちていても家を走り出した。そして異人館の柵にも

たれ、その音楽が消えてなくなるまで、茫然と聞き惚れていた」（『自伝　若き日の狂詩曲』山田耕筰）

これがきっかけで山田耕筰はドイツ留学を経て作曲家の道を歩むことになるのだ。

和楽器職人による国産ヴァイオリン第1号

さて、東京・深川に住むひとりの和楽器職人が、横浜や神戸といった外国人居留地ではなく東京・神田駿河台のニコライ堂（東京復活大聖堂）の楽士デミトリーを訪ねた。彼が所有するヴァイオリンを見せてもらうためである。松永定次郎《さだじろう》その人である。

1880年（明治13年）、こうして和楽器職人・松永定次郎の手によって国産第1号のヴァイオリンが製作された。

1900年（明治33年）にはヤマハもアップライト・ピアノの製造を開始した。西洋楽器にとっても、文明開花だったわけだ。

江戸時代末期の1859年（安政6年）、のちに日本のヴァイオリン王と呼ばれることになる男が名古屋で生まれた。鈴木政吉《まさきち》である。

政吉の父・鈴木正春は尾張藩の御手先同心。五石三人扶持であった。手先が器用で琴・三味線作りの内職もしていた。

11歳になると政吉は名古屋藩（旧・尾張藩）の音楽隊太鼓役になった。

幕末から各藩は外国式の軍隊教練を導入していて、各種訓練に用いられたのが太鼓とラッパだったのだ。名古屋藩はイギリス式の教練を採用していたが、明治政府の方針でフランス式に統一された。フランス式はラッパのみである。そのため政吉は失職してしまうわけだが、運よく藩の洋学校に入学し、中退してからは父親の琴・三味線作りを手伝うようになった。父・正春は廃藩にともない家禄を奪われ、本格的に内職だった琴・三味線作りを本業にしていた。

1877年（明治10年）、鈴木政吉は18歳で家督を相続。三味線作りの傍ら、親の勧めで長唄の稽古に通うようになった。

1884年（明治17年）、父・正春が亡くなる。政吉は名古屋・御園筋の老舗ツルヤに三味線を卸していて彼は三味線の名工として全国に名が轟いていたが、不景気で楽器の売り上げが落ちていた。そして、近藤乃婦という女性との結婚を経て、小学校の音楽教師（唱歌教師）への転身を決意した。約8年間稽古をした長唄がここで生かされたのである。

政吉は愛知県師範学校音楽教師の恒川鐐之助《つねかわりようのすけ》（1868年生まれ）について勉強している うちに、思わぬ楽器と出会う。同門の甘利鉄吉が横浜で買ったという和製ヴァイオリンである。三味線作りの名工だった政吉は徹夜でそれを模写し、わずか一週間でお手製のヴァイオリンを製作した。この時、甘利が持っていた和製ヴァイオリンを見て、政吉はこう語ったという。


「これなら朝飯前のような気がした」（『日本のヴァイオリン王』井上さつき）

この楽器ならすぐに作れそうだという意味だが、次いで仕上げた第2号のヴァイオリンが売れるに至り、本格的にヴァイオリン製作に着手することになる。

これが1887年（明治20年）あたりなので、松永定次郎によって国産第1号のヴァイオリンが製作されてから10年もたっていないのだから驚く。

まさに日本における西洋楽器、特にヴァイオリン製作はブルーオーシャン状態。そこへ楽器作りの名工である若き日の鈴木政吉が目をつけたのだ。

これは、同世代の名工、山葉寅楠《やまはとらくす》（1851年、和歌山生まれ）がオルガンの修理を頼まれ、高価な西洋楽器なくせに構造はとてもシンプルなことに気づき、

「この楽器を図面に起こしてそっくり同じものを作れば商売になる」（『日本のピアノ100年』前間孝則・岩野裕一）

と思い、オルガン、そしてピアノ作りにつなげていくというエピソードを思い出す。

この山葉寅楠こそ、現在のヤマハ（日本楽器製造）の創設者だ。

政吉自作のヴァイオリンを見た音楽教師の恒川は自分でもヴァイオリンがほしくなって関東から取り寄せた。届いてみると運送の際の不手際でヴァイオリンのネックが少し離れてしまったため、政吉に修理を頼んだ。政吉は1日で済む作業を3日かけ、新しいヴァイオリンを作るお手本に活用した。

そして、前回より出来のいい第2号ヴァイオリンが完成したというわけだ。

楽壇の父・伊沢修二に認められた

第2号のヴァイオリンのあと続々と新作を作ったその数ヶ月後、政吉は岐阜県尋常師範学校に舶来のヴァイオリンがあると聞き、さっそく自作のヴァイオリンを手にして岐阜を訪れた。比較をしてみると月とスッポンだったというが、その一方で舶来品のヴァイオリンは日本独特の湿気のせいで板がはがれていた。

またしてもその修理を任された政吉は、修理の作業をしながらも徹底的に本場のヴァイオリンを生のサンプルとして研究することができたのだ。

政吉の頭を悩ませたのはヴァイオリンのボディの素材である。第1号は杉の木、第2号はトチの木を使用した。知人のアドヴァイスによって表板がエゾマツ、裏板と横板とネックがカエデであることを突きとめた。塗られているニスについても暗中模索であった。

こんなふうに、政吉は寝食を忘れてヴァイオリン作りに没頭した。こうして政吉は三味線屋を廃業し、ヴァイオリン作りに生涯を捧げようと決意したのだ。

1889年（明治22年）、政吉は上京して上野の東京音楽学校に自作のヴァイオリンを抱えて訪れた。校長の伊沢修二（1851年、長野生まれ）に会うためである。

この伊沢修二こそ、のちに「楽壇の父」と呼ばれる人物で、明治期にブリッジウォーター州立大学やハーヴァード大学へ留学して教育学や理化学を学んだが、アメリカの音楽教育の現場を目の当たりにして日本にもこれを導入しなければいけないと思った人物である。彼は文部省内に「音楽取調掛」(のちの東京音楽学校)を設立し、全国の小学校に唱歌の伴奏をするためのピアノかオルガンを導入するよう指導した人物だ。かの山葉寅楠も自作のオルガンを抱えて浜松から伊沢のもとをたびたび訪れている。寅楠も東京音楽学校で聴講生として学ぶために、東京にとどまったこともある。

そして、今回は鈴木政吉がヴァイオリンを抱えて伊沢のもとを訪ねた。紹介状を書いてくれたのは愛知県尋常師範学校の唱歌教師、岩城寛である。岩城は東京音楽学校を卒業後、恒川鐐之助に代わって尋常師範学校の唱歌教師になっていたのだ。

伊沢は東京音楽学校の外国人教師ルドルフ・ディットリヒ(1861年、オーストリア生まれ)に政吉のヴァイオリンの試奏を頼んだ。こうして何度か彼に試奏をしてもらいアドヴァイスを反映させて楽器をブラッシュアップするうちに、とうとう彼から推薦状を書いてもらうほどの楽器ができあがった。1893年(明治26年)のことだ。

東京音楽学校の日本人教師も政吉のヴァイオリンを弾いて、推薦状を書いている。

たとえば、幸田延《こうだのぶ》（1870年、東京生まれ）やその妹の安藤幸《こう》（1878年、東京生まれ）である。2人は作家・幸田露伴《ろはん》の妹で、幸田延は日本初の留学生としてボストンのニューイングランド音楽院でピアノやヴァイオリンのほか、和声、作曲、対位法などオールラウンドな音楽スキルを身につけて帰国したスーパーウーマンである。

安藤幸はドイツに留学し、ベルリン国立高等音楽学校でヴァイオリンを学んだ逸材だ。2人とも、帰国後は母校の東京音楽学校の教壇に立っていた。彼女たちと知己を得たことはこの先、政吉のヴァイオリン人生に大きな道を開くことになるが、その話はのちほど。

政吉は東京音楽学校の伊沢を訪ねた足で、銀座の共益商社を訪れた。そこはかつて、山葉寅楠が自作の楽器を携えて売り込みに行った場所である。共益商社の白井練一社長と対面した政吉は名古屋に帰ってから楽器を送る約束を取り交わし、送られた楽器を見た白井社長に月に10台の楽器を供給する依頼を受けた。さらには、白井の紹介で大阪の大手書籍商の三木佐助とも知り合い、楽器の供給の依頼を受けた。やはり山葉寅楠も同じプロセスで販路を拡張していたことを考えると、よいものを作るだけではだめで、人と繋がらなければ何も始まらないのだということがわかる。

世界で売れまくる和製ヴァイオリン

1890年（明治23年）より本格的に楽器生産をスタートさせた政吉は、折りからの日清戦争（1894年〜1895年）勝利による好景気に支えられ波に乗った。1890年（明治23年）の「第三回内国勧業博覧会」には自らのヴァイオリンで三等有功賞を得た。この時、山葉寅楠のオルガンも二等有功賞だった。

1900年（明治33年）の「パリ万国博覧会」への参加を政府よりうながされた政吉は選外佳作にとどまったものの、1909年（明治42年）にシアトルで開かれた「アラスカ・ユーコン万国博覧会」で金メダルを受賞する。政吉のヴァイオリンは欧州市場に大きなインパクトを与えたのだ。

1910年（明治43年）には日英博覧会の見学も兼ねて、政吉は渡欧した。イギリスで政吉は東京音楽学校を休職中の幸田延と再会した。約半年かけてヨーロッパを見て回った政吉は、自作の楽器に自信を持ち、これなら輸出できると踏んだ。

1914年（大正3年）に勃発した第一次大戦は、世界の楽器市場にも影響を与えた。ヴァイオリンの生産を多く担っていたドイツが戦禍にまみれ、生産がおぼつかなくなったのだ。

そこで政吉のヴァイオリンに注目が集まった。世界中から発注が舞い込んだ。政吉のヴァイオリンは世界に向けて輸出されたのである。

「当時従業員は１０００名を越え、毎日５００本のバイオリン、１０００本以上の弓が量産され、輸出のみで年間に10万本のバイオリン、50万本の弓を記録したといわれています」（「鈴木バイオリン製造」の公式ｗｅｂサイト）

というから凄まじい勢いだ。

山葉寅楠の日本楽器製造も第一次大戦の影響でハーモニカの需要に応えられなくなったドイツに代わり、世界中にハーモニカを売りまくった。当然のことながら彼らはヴァイオリンのブームにも注目していた。日本楽器製造はひそかにヴァイオリンの試作を行い、専用の機械まで開発していたが、双方の合意により日本楽器製造はヴァイオリンの製作を断念した。この時、政吉はオルガンを作らない、日本楽器製造はヴァイオリンを作らないという取り決めがなされた。間に入ったのは両者の商品を扱っていた大阪の三木佐助だったという。

日本楽器製造がヴァイオリンに再参画するのは、２０００年（平成12年）まで待たなければばならない（電子楽器のサイレント・ヴァイオリンは1997年より製作していた）。

おりしも、ピアノやオルガンよりも安価で持ち運びがきくヴァイオリンは、学校現場で唱歌の伴奏楽器として重宝した。実際、小学校では音楽教師がヴァイオリンを弾いて授業を行うことも少なくなかったという。

ただ、この楽器をどうやって習得するのか——。

政吉はそこに目をつけた。

東京音楽学校に行けばヴァイオリンの教師はいる。彼らが使っているヴァイオリンの教則本もある。たとえば、『クロイツェル教本』だったりクリスチャン・ハインリッヒ・ホーマン（1811年、ドイツ生まれ）の『実用ヴァイオリン教程』だったりするが、これはある程度のスキルを持った演奏家（あるいは学生）向けでいささか難易度が高い。

恒川鐐之助ら日本人によるヴァイオリン教本が次々に出版される中、政吉も『ヴヮイオリン独習書』を出版する。この発想がのちの三男・鈴木鎮一（1898年、名古屋生まれ）の「スズキ・メソード」に繋がっていくのだ。

一流ヴァイオリニストの来日ラッシュ

第一次大戦後、ヴァイオリンの輸出量がふえる一方で、有名ヴァイオリニストがこぞって日本にやって来た。大戦後のドイツを中心としたハイパーインフレで混乱する欧州を離れ、外貨を獲得する必要があったようだ。

そのおかげで、ミッシャ・エルマン（1891年、ウクライナ生まれ）、フリッツ・クライスラー（1875年、ウィーン生まれ）、ヤッシャ・ハイフェッツ（1901年、リトアニア生まれ）、エフレム・ジンバリスト（1889年、ロシア生まれ）といったクラシック・ファンが卒倒するようなメンツが大正期に続々と来日した。そして、日本各地で演奏会を行っていたのだ。我々の世代にとっては、みんなレコードやCDでしか触れたことのない、聴いたことのない巨匠である。

こうした一流のヴァイオリニストの音を生で聴き、楽器の調整を行っていたのが我らが鈴木政吉である。政吉はこの経験から大量生産のヴァイオリンとは別に、イタリアン・オールドのような高級な逸品を製作して売るということもスタートさせた。

実はのちにベルリン留学をする三男・鎮一が当地で一台のイタリアン・オールドのヴァイ

オリンを手に入れた。1725年製のヨーゼフ・グァルネリである。こうしたイタリアン・オールドは偽物が多いとされる中、この楽器にはベルリンの楽器製作者オットー・メッケルの鑑定書もついていた。

「息子のPetrus Guarneriusの作であり父のヨセフのところで働いている時代に、父の助手として作ったもの」（『日本のヴァイオリン王』井上さつき）

と記されていたというから、そもそもヨーゼフ・グァルネリのヴァイオリンではない可能性をも残す（真偽そのものも含め鑑定は難しいところだ）。

1925年（大正14年）に一時帰国する際に、このヨーゼフ・グァルネリを父・政吉に手渡した。政吉はこのイタリアン・オールドの名器を徹底的に研究した。

また、こうした有名演奏家がこぞって来日公演を行った大正期には郵便事情が安定し、さまざまな楽器の通信講座が人気を博していた。

大手の大日本家庭音楽会にはヴァイオリンの通信講座があり、有名演奏家の来日ラッシュも相まって、なかなかの人気だったという。申し込みをして送金すると、ヴァイオリンとテキストが送られてくる。テキストには壺紙と呼ばれるフレットシール（指を押さえるポイントが印刷されている）が付いていて、そのシールをヴァイオリン本体の指板に貼るのだ。

大日本家庭音楽会は当初は政吉のヴァイオリンをレコメンドしていたが、やがて「朝日ヴァイオリン」のブランド名で自社製のヴァイオリンを販売し始めた。

いずれにしろ、こうした大正期のヴァイオリン・ブームは品質のいいヴァイオリンを大量生産する体制を整えた鈴木政吉の功績なくしては訪れなかっただろう。

1930年（昭和5年）には、政吉は正式に「鈴木バイオリン製造」という株式会社に改組したが、昭和期に入るとヴァイオリンの売り上げは落ち込み、取引銀行の倒産などもあって経営不振に陥る。

1941年（昭和16年）には社長を長男の鈴木梅雄（1889年、名古屋生まれ）に譲り、1944年（昭和19年）に「日本のヴァイオリン王」鈴木政吉は死去した。

政吉は、社長に就任した長男・鈴木梅雄を筆頭に九男四女をもうけていたのだ。

そのうちの三男・鈴木鎮一はドイツ留学を経てプロのヴァイオリニストになる。鎮一をファースト・ヴァイオリン（第1ヴァイオリン）、六男・鈴木喜久雄（1904年、名古屋生まれ）をセカンド・ヴァイオリン（第2ヴァイオリン）、四男・鈴木章（1899年、名古屋生まれ）

がヴィオラ、五男・鈴木二三雄（１９００年、名古屋生まれ）がチェロ、という編成で「鈴木クワルテット」を結成することになるのだが、その話は次の章で。

第1章

2人のアウトサイダー
——幸田延と鈴木鎮一

アメリカ帰りのスーパーウーマン

さて、いよいよヴァイオリニストの話をしよう。

その前に、１８７１年（明治４年）の岩倉使節団について触れておかなければならない。西洋視察を目的とした総勢１００人を超える使節団に数人の少年少女が混じっていた。そのうちの３人の少女は、留学生として異国の地（アメリカ）に10年前後とどまりクラシック音楽の基礎を学んで帰ってきた。山川捨松（１８６０年、会津生まれ）、永井繁子（１８６１年、東京生まれ）、津田梅子（１８６４年、東京生まれ）の３人である。

帰国後、ピアノ演奏ができ、英語も流暢に操り、西洋風のマナーも身につけた３人のレディは、１８８３年（明治16年）に外国人を招く場所として麹町に建てられた鹿鳴館でスターになった。山川捨松はのちの陸軍元帥になる大山巌と結婚し、独身を通した津田梅子は女子教育の重要さを説いて女子英学塾（のちの津田塾大学）を開いた。そして、ヴァッサー大学で3年間、本格的に音楽を学んだ永井繁子は音楽取調掛（のちの東京音楽学校）の教壇に立って後進の指導に当たった。

その永井の教え子に、幸田延とその妹の幸田幸（のちの安藤幸）がいた。

序章で少しだけ触れたが、作家・幸田露伴の妹である幸田延は、東京女子師範学校附属小学校の頃から音楽取調掛の教師ルーサー・ホワイティング・メーソン（1818年、アメリカ・メイン州生まれ）の個人レッスンを受けていた。学んでいたのは、ピアノ、ヴァイオリン、音楽理論。12歳で音楽取調掛に進み、帰国したメーソンに代わったアメリカ帰りの永井繁子（のちの瓜生繁子）に師事した。

1884年（明治17年）、幸田延は音楽取調掛を好成績で卒業し、研究科に残った。1887年（明治20年）には音楽取調掛が東京音楽学校に改組され、そこで招かれたヴァイオリニストのルドルフ・ディットリヒに彼女は師事した。彼こそ、鈴木政吉のヴァイオリンを試奏して、推薦状を書いた人物である。

彼女の類稀なる才能に気づいたディットリヒは延に海外留学を熱心に勧め、ついに延は文部省の「音楽留学生第一号」に選ばれ、ボストンのニューイングランド音楽院に留学。そこでピアノやヴァイオリンのほか、和声、作曲、対位法などを学んだ。さらに、ウィーン音楽院で約5年間学んだのちに帰国。1895年（明治28年）のことだ。ウィーンでは市井の支援者からアマティのヴァイオリンを贈られるほどの腕前だったという。

翌1896年（明治29年）に上野・奏楽堂で開かれた「帰朝記念演奏会」のプログラムが

凄まじい。メンデルスゾーンの《ヴァイオリン協奏曲》の第1楽章を独奏し、シューベルトの《死と乙女》とブラームスの《五月の夜》といったリート（歌曲）をドイツ語で独唱。そして、ハイドンの弦楽四重奏曲のファースト・ヴァイオリンを担当するなど、まさに八面六臂《はちめんろっぴ》の活躍、スーパーウーマンである。

そう、幸田延こそ日本のヴァイオリニストの草分け的な存在なのだ。

東京音楽学校で幸田延は、作曲家の瀧廉太郎（1879年、東京生まれ）、声楽家の三浦環（1884年、東京生まれ）、作曲家の山田耕筰、ピアニストの久野久《ひさ》（1886年、滋賀生まれ）らを育てた。

このように幸田延は「楽壇の母」として多くの音楽家を育てる一方で、西洋風の身のこなし、高収入等が世間の反感を買っていた。世は明治期。男尊女卑の空気がまだ根強く、彼女の姿は「生意気だ」「尊大だ」という声が聞かれるようになったのだ。

足元の東京音楽学校の中でも、幸田延を中心とした女性教師と男性教師の間で溝ができ始めた。延は技術的に彼女よりも劣る教師に対して、歯に衣着せぬ物言いをした。延の弟子の三浦環の私生活（不倫騒動）も師匠・延の責任となるような空気の中、とうとう東京音楽学校を辞職して欧州旅行に出かけた。1909年（明治42年）のことだ。湯原元一校長により一度は休職扱いになっていたが、1911（明治44年）に退職。

そして、東京・紀尾井町3番地に居を構え、そこで個人レッスンする「審声会」を立ち上げた。

1919年（大正8年）夏、幸田延は千島列島を船で回る探検旅行に参加した。

ここで、あるヴァイオリニストと親しくなる。鈴木鎮一である。

序章で触れた日本のヴァイオリン王・鈴木政吉の三男だ。

船上で出会う2人のアウトサイダー

その頃、鎮一は名古屋商業学校を卒業し、父・鈴木政吉のヴァイオリン工場で働いていた。

その傍ら、ほぼ独学でヴァイオリンを演奏していた。

ヴァイオリン工場で輸出係として荷造りや帳簿の管理をしていた鎮一はほどなく体をこわし、療養生活を送ることになった。その療養先で知り合った実業家・柳田一郎を通じて徳川義親《よしちか》侯爵（1886年、東京生まれ）との知己を得た。徳川義親は旧福井藩主・松平春嶽《しゅんがく》の五男として生まれ、のちに尾張徳川家の婿養子となった人物で、東京帝国大学を卒業後、生物学研究所を主宰していた。

そして、鎮一は誘われるまま徳川が率いる千島列島の旅行（生物学研究の目的）に参加した。その船上のサロンで同じ旅行に参加していた幸田延のピアノ伴奏で、鎮一はヴァイオリンを演奏したのである。幸田延は、鈴木政吉のヴァイオリンに推薦状を書いていた縁で政吉とは知り合いだった。

徳川義親は鎮一の演奏を聴いて、ヴァイオリン工場で働くより正式に音楽の道を歩むように勧めた。幸田延もこれに同意した。さらには、旅行から戻ったある日、徳川義親は名古屋の鈴木政吉を訪ね、鎮一を音楽の道に進むように説得し、政吉もこれを了承した。

こうして鎮一は音楽家の道を歩むために上京した。

当初は東京音楽学校入学が視野に入っていたが東京音楽学校の生徒による演奏会を見るに至り、これを断念。安藤幸の個人レッスンを受け始めた。

幸田延の妹・安藤幸もまたドイツに留学し、ベルリン国立高等音楽学校でヴァイオリンを学んだ逸材である。ベルリンでは、あのブラームスの親友ヨーゼフ・ヨアヒム（１８３１年、オーストリア生まれ）にヴァイオリンを学んだというから驚く。１９０３年（明治36年）帰国後は、すでに東京音楽学校の教壇に立っていた姉・幸田延とともに母校の教授になっていた。

1943年（昭和18年）まで上野の教壇に立っていたのだ。

1921年（大正10年）、鎮一は徳川侯爵の世界旅行に同行し、そのままドイツで留学することにした。この旅行にはヴァイオリンの売り上げが好調だった鈴木政吉も一万五千円（当時）を出資している。

こうして一行は、当時日本で最大級の客船・箱根丸で出港。徳川侯爵らとはフランスのマルセイユで別れ、鎮一はドイツへ向かった。

ベルリンに着くと師事するヴァイオリニストを探し始めるが、なかなか見つからない。3ヶ月たち、ベルリンは諦めてウィーンへ向かおうかとしていた矢先、クリングラー弦楽四重奏団の演奏に出会い、感激する。オール・ベートーヴェン・プログラムだったという。鎮一はベルリン高等音楽学校の教授だったカール・クリングラー（1879年、ストラスブール生まれ）に英語で手紙を書き、弟子入りを直訴する。紹介者も誰もいない、いわゆる直談判である。

クリングラーは個人的には弟子をとらないらしいと聞いてはいたが、意外にも彼から返事が来て、レッスンを受けられることになった（のちにベルリン高等音楽学校を受験したが不合格だった）。

個人レッスンの甲斐あってか、思わぬチャンスが鈴木鎮一に舞い込む。名門ドイツ・グラモフォンでのレコーディングである。

1928年（昭和3年）、のちに東京音楽学校の教壇に立つことになるマンフレート・グルリット（1890年、ベルリン生まれ）のピアノでフランク《ヴァイオリン・ソナタ》を録音、リリースした。日本人ヴァイオリニストが海外でのレコードをリリースする初めてのケースである。その後、ドイツ・グラモフォンからCDをリリースする日本人ヴァイオリニストの登場はずっと先のことである。

しかし、アルバムを録音した同年、母親危篤の連絡を受け鎮一は急遽、帰国の途についた。新婚のワルトラウト夫人を伴って。

鈴木クワルテットがブレイク

鈴木鎮一とワルトラウト・プランゲ（1905年、ベルリン生まれ）が知り合ったのは、ベルリンの知的階級が集まるホームコンサートでのこと。鎮一はあのアルベルト・アインシュタイン（1879年、ドイツ生まれ）のホームコンサートでも演奏をしていたのだ。

そんなワルトラウトを伴って帰国した鎮一は、ソロ・ヴァイオリニストの道を歩むのではなく、弦楽四重奏団を結成する。

鈴木クワルテットである――。

鈴木鎮一と六男・鈴木喜久雄がヴァイオリン、四男・鈴木章がヴィオラ、五男・鈴木二三雄がチェロをそれぞれ担当。兄弟だけでメンバーを構成する弦楽四重奏団の誕生である。

その年(1928年)の秋には東京と名古屋で第1回のコンサートを開く。

当時の日本に室内楽を演奏するアンサンブルそのものが珍しく、鈴木クワルテットは全国ツアーを行い、ラジオ番組に出演したり、レコード録音を行ったりとめざましい活躍を展開した。

秩父宮(1902年、東京生まれ)が名古屋の徳川義親宅に宿泊した際には御前演奏を行ったという。

鈴木クワルテットのメンバーで、四男・章と六男・喜久雄はともに安藤幸にヴァイオリンを師事した。喜久雄は学生時代は母校のオーケストラである慶應義塾ワグネル・ソサィエティー・オーケストラでも活動していた。

そして、五男・二三雄は鎮一と同じくドイツへの留学経験を持つチェリストだ。

1923年（大正12年）よりライプツィヒのユリウス・クレンゲル（1859年、ライプツィヒ生まれ）にチェロを師事していたのだ。クレンゲルはライプツィヒ・ゲヴァントハウス管弦楽団（Gewandhausorchester Leipzig）の首席チェロ奏者を務める傍らライプツィヒ音楽院の教授として後進の指導にもあたっていた。日本のチェリストの草分けである高勇吉《こうゆうきち》（1901年、東京生まれ）も同門である。

ここで4年間を過ごした鈴木二三雄は、帰国して兄弟で結成した弦楽四重奏団に加わり、作曲活動や弦楽四重奏曲の編曲も行った。

そしてもうひとり、鈴木二三雄と同じ時期、同じクレンゲルからチェロを学んでいた若者がいる。鈴木鎮一とともに日本のクラシック音楽に大きな影響を及ぼす人物、齋藤秀雄（1902年、東京生まれ）その人である。

チェリスト齋藤秀雄登場！

のちに桐朋学園を立ち上げることになる齋藤秀雄が惹かれた楽器はチェロだった。

1909年（明治42年）、ハインリヒ・ヴェルクマイスター（1883年、ドイツ生まれ）が日本初のチェロ・リサイタルを行った。そののち、彼は東京音楽学校や東京高等音楽学院（のちの国立音楽大学）、東洋音楽学校（のちの東京音楽大学）でも教鞭を取った。そのヴェルクマイスターに師事していた多基永《おおのもとなが》（1888年、東京生まれ）から齋藤はチェロを習い始めた。ただ、多基永の出自はあくまで雅楽の家柄であり、本格的なレッスンではなく、齋藤は彼からチェロの手ほどきを受けたといっていい。

旧制暁星中学在学中にマンドリンクラブ「エトワール」を仲間と立ち上げ演奏活動をしていた齋藤は、旧制二高（のちの東北大学）の受験に失敗し、上智大学哲学科に進んだ。

そして、どんどん音楽にのめり込んでいった――。

東京音楽学校で立ち上がった「東京シンフォニー・オーケストラ」の第1回演奏会で師匠の多基永とともにチェロを弾き、東京帝国大学のオーケストラが北海道へ演奏旅行をする際にはエキストラのチェロ奏者として参加した。そこで指揮者をしていた近衛秀麿《このえひでまろ》（1898年、東京生まれ）との知己を得た齋藤は、やがて洋行する近衛秀麿についてドイツ留学を果たすのだ。

1923年（大正12年）、齋藤は神戸港から鹿島丸に乗り込み、上海、香港、シンガポールを経てイタリア・ナポリに着き、陸路でドイツの地に至る。彼の地は第1次大戦後のハイパーインフレの混乱期であり、文字通りマルクは暴落していた（鈴木鎮一が1725年製のヨーゼフ・グァルネリを手に入れたのも、このハイパーインフレのおかげである）。

その一方で、ベルリン・フィルハーモニー管弦楽団（Berlin Philharmonic Orchestra）の指揮台にはヴィルヘルム・フルトヴェングラー（1886年、ベルリン生まれ）が上がり、ベルリン・ドイツ・オペラにはブルーノ・ワルター（1876年、ベルリン生まれ）が、国立歌劇場ではエーリヒ・クライバー（1890年、ウィーン生まれ）が活躍していた（この時代のベルリンにタイムスリップしたらどれほど楽しかろう）。

また、ヨーゼフ・シゲティ（1892年、ブダペスト生まれ）、シモン・ゴールドベルク（1909年、ポーランド生まれ）、ヤッシャ・ハイフェッツといったヴァイオリニストたちや、パウル・ヒンデミット（1895年、ドイツ生まれ）、フェルッチョ・ブゾーニ（1866年、イタリア生まれ）、アルノルト・シェーンベルク（1874年、ウィーン生まれ）、エルンスト・クルシェネク（1900年、ウィーン生まれ）といったいわゆる「新ウィーン楽派」や「新即物主義」の作曲家たちも台頭しはじめた時代だ（その多くはユダヤ人で彼らの芸術的な萌芽はナチの台頭によって蹴散らされていく）。

齋藤はベルリンで近衛の紹介でチェリストのコンスタンティン・シャピロ（1896年、

ロシア生まれ）と会い、数日滞在したのちライプツィヒに向かう。ユリウス・クレンゲルに師事するためである。めでたくクレンゲルの個人レッスンを受けるようになり、ほどなくライプツィヒ王立音楽学校に入学した。同門には高勇吉、鈴木二三雄、作曲科には山本直忠（１９０４年、東京生まれ）もいた。

そして、齋藤にはベルリンに残してきたドイツ人の恋人がいた。シャルロッテ・ランゲである。齋藤はライプツィヒでの留学を終えるとベルリンに戻ってシャルロッテと結婚。彼女を伴って帰国の途についた。１９２７年（昭和2年）のことである。

同年、ライプツィヒでチェロを学んでいた同門の鈴木二三雄も帰国し、翌１９２８年（昭和3年）にはベルリンでクリングラーに支持していたヴァイオリニスト鈴木鎮一も帰国して、鈴木クワルテットが結成されるわけだが、齋藤は前年にオーケストラの首席チェロ奏者として迎えられている。近衛秀麿率いる新交響楽団（のちのＮＨＫ交響楽団）である。

日本の楽壇を育てた外国人教師たち

日本で初めてのプロのオーケストラは、齋藤秀雄がチェロ奏者として入団した新交響楽団である。このオーケストラは１９２５年（大正14年）に山田耕筰が日本交響楽協会を設立し、在京の大学の演奏者や映画館の楽士にハルビン在住のロシア人奏者を加えて行った「日露交歓交響管弦楽大演奏会」を経て、翌１９２６年に近衛秀麿を指揮者に迎えて第１回演奏会を行った。ほどなく、近衛と中心メンバーが離脱して「新交響楽団」を名乗り、同年の秋にはラジオ番組に出演する。

おりしも、１９２５年（大正14年）に東京放送局（のちのＮＨＫ東京）がラジオ放送をスタートさせ、ＯＡに乗せるコンテンツとして演芸（落語・浪曲など）や朗読、ラジオドラマと並んで音楽番組の需要が高まっていた。さながら、アメリカで指揮者のアルトゥーロ・トスカニーニ（１８６７年、イタリアのパルマ生まれ）率いるＮＢＣ交響楽団が演奏するクラシック音楽番組（１９３７年スタート）を、ＮＢＣラジオを通して全米の家庭に送り届けるように。それも日曜日の夕食時に、だ。

１９３６年（昭和11年）にヨーゼフ・ローゼンシュトック（１８９５年、クラクフ生まれ）を指揮者に迎えると、新交響楽団は飛躍的に演奏スキルが上達した。

そして、新交響楽団は日本交響楽団という名称を経て、ＮＨＫ交響楽団になった。１９５１年（昭和26年）のことだ。

このように、複数の弦楽器奏者や管楽器奏者を必要とするプロのオーケストラが立ち上がった背景には、彼らを育成したしかるべき教育者の存在があった。もちろん、幸田延や鈴木鎮一、齋藤秀雄のように海外留学する者もいたが、多くは外国人教師から学んだのだ。

「楽壇の父」伊沢修二は海外からの教師を多く招いた。音楽取調掛から東京音楽学校にかけて、来日して教壇に立った外国人教師について整理しておく。

前出のルーサー・ホワイティング・メーソン、グスタフ・クローン（１８７４年、ドイツ生まれ）がヴァイオリン、ヨゼフ・ホルマン（１８５２年、オランダ生まれ）がチェロ、ラファエル・フォン・ケーベル（１８４８年、ロシアのニジニ・ノヴゴロド生まれ）がピアノと音楽史、アウグスト・ユンケル（１８６８年、ドイツ生まれ）がヴァイオリン、ヴィオラ、管弦楽と室内楽・指揮、ヘルマン・ハイドリヒ（１８５５年、ドイツ生まれ）がピアノ、管弦楽アンサンブルを教えていた。

メーソンの音楽取調掛の第一期伝習生だった中村専（１８６４年、豊橋生まれ）や、その後輩で幸田延とともに学んだ遠山甲子（１９２４年生まれ）もピアノとヴァイオリンを学んでここを卒業した。ユンケルは学校内に初めてフルオーケストラを組織した人物で、幸田延や幸田幸とも室内楽を演奏した。

大正から昭和にかけては、ピアノのレオニード・コハンスキー（１８９３年、ロシア生まれ）、チェロ、コントラバスのハインリヒ・ヴェルクマイスター、ヴァイオリンのロベルト・ポラック（１８８０年、ウィーン生まれ）、作曲・指揮のクラウス・プリングスハイム（１８８３年、ドイツ生まれ）、ピアノのレオ・シロタ（１８８５年、キーウ生まれ）など欧州でも盛んに活動していたメンツが上野の教壇に立った。何人かはユダヤ人で、ナチの台頭によりドイツにいられなくなったという事情もある。

シロタの門下は、大島正泰（１９１９年、台北生まれ）、藤田晴子（１９１８年、東京生まれ）、園田高弘（１９２８年、東京生まれ）、永井進（１９１１年、東京生まれ）、豊増昇《とよますのぼる》（１９１２年、佐賀生まれ）といった戦後の日本を引っぱるピアニストを輩出したし、ヴェルクマイスターは山田耕筰、作曲家の信時潔《のぶとききよし》（１８８７年、大阪生まれ）、指揮者の近衛秀麿など多くの音楽家を育てた。

さて、東京・赤坂に住んでいたレオ・シロタの家の近所には山田耕筰やオペラ歌手の原信子（１８９３年、八戸生まれ）、洋画家の梅原龍三郎（１８８８年、京都生まれ）が住んでいて、彼らに加え、近衛秀麿、ロシア人画家のワルワーラ・ブブノワ（１８８６年、サンクトペテルブルグ生まれ）、その妹でヴァイオリニストの小野アンナ（１８９０年、サンクトペテルブルグ生まれ）がシロタの家に集まっていたという。

そこへ、若き日の藤田晴子や園田高弘が個人レッスンに通っていたのだから、さながらヨーロッパのサロンのようだ。

この小野アンナは、レオ・シロタが多くの若き日本人ピアニストを育てたように、多くの日本人ヴァイオリニストを育てた。

次の章は、小野アンナとその門下生の話だ。

第2章　小野アンナ門下の天才少女たち

アウアー門下の才媛ヴァイオリニスト

小野アンナの話を始めるには、彼のことを語っておく必要がある。

小野俊一（１８９２年、東京生まれ）である。

彼の父親は日本興業銀行総裁を務めた小野英二郎（１８６４年、福岡生まれ）、彼の弟の小野英輔《ひでずけ》（１９０２年、東京生まれ）も銀行家でその娘はオノ・ヨーコ（１９３３年、東京生まれ）というハイソサエティな一族だ。

小野俊一は旧制一高、東京帝国大学理科大学動物学科に進んだ秀才だったが、権威主義的な空気が合わず、卒業を待たずしてドイツに留学してしまう。その際の父・英二郎からの条件が「外国人の嫁だけはもらうな」（『諏訪根自子　美貌のヴァイオリニスト　その劇的生涯』萩谷由喜子）だったというが、社会主義にだけは染まるな」その意に反して結果的に外国人の嫁をもらってしまうのだ。

１９１４年（大正３年）よりサンクトペテルブルグ大学で動物学を学び始めていた俊一は、大学の友人からとあるチャリティ・コンサートのチケットを手に入れた。そのコンサートにピアニストの姉とともに出演していたのが、あのレオポルト・アウアー（１８４５年、ハンガリー生まれ）門下のアンナ・ドミトリーエヴァナ・ブブノワ、その人である。

アウアーとはピョートル・イリイチ・チャイコフスキー（1840年、ロシア生まれ）から献呈された《ヴァイオリン協奏曲》のスコアを「こんなの弾けないっす」と突っ返したことで有名な、エフレム・ジンバリストやミッシャ・エルマンやナタン・ミルシテイン（1904年、オデーサ生まれ）やヤッシャ・ハイフェッツの師匠でおなじみのアウアーである。

とにかく、2人は出会ってしまったのだ――。

しかし、1917年（大正6年）、ロシア革命が起きて留学どころではなくなってしまった。2人はそそくさと教会で式を挙げ、モスクワ経由で俊一はアンナを伴って帰国した。

鈴木鎮一といい齋藤秀雄といい、欧州へ留学した日本の逸材はみんな当地の才女と結婚するのだから不思議な気がするが（そういえば森鴎外もドイツ留学中の恋を小説にしていた）、よく考えてみるとこの時代、海外に留学しようとする男子は国内屈指のエリート。並外れた音楽的才能、学問的素養、そして背景には豊富な財力と貴族とのコネクション。逆に、モテない方がおかしいというべきかも知れない。

こうしてロシアから来た才媛ヴァイオリニストは、小野アンナとして東京での新婚生活をスタートさせた。幼少からピアノを学んでいた英輔（俊一の弟）は彼女のサポートをした。

のちにアンナがヴァイオリン教室を開いた時も英輔がピアノ伴奏を買って出た。このようにピアニスト志望だった英輔はのちに銀行家に転身したが、その芸術的な素養は娘オノ・ヨーコに受け継がれているようだ。

やがて東京音楽学校でチェロを教えていたハインリヒ・ヴェルクマイスターらが訪ねて来たり、彼女がレオ・シロタの家を訪ねたりと東京生活にもなじんだ。

1919年（大正8年）には、「バッハ無伴奏奏鳴曲の本邦初演」と謳われた小野アンナ初のリサイタルが日本青年館で開かれた。「奏鳴曲」とは「ソナタ」の意味。すなわち、小野アンナはアウアー直伝のバッハ《無伴奏ヴァイオリン・ソナタ》を日本の聴衆の前で披露した。ただ、イーゴリ・ストラヴィンスキー（1882年、サンクトペテルブルグ生まれ）の《春の祭典》の初演を見たパリの聴衆ほどではないにしろ、喝采をもって受け入れられたとはいえなかったようだ。

小野アンナの一番弟子は中島田鶴子（1904年、東京生まれ）。のちに改組されたばかりの新交響楽団に入団（女性が採用されるのは初）する逸材であり、アンナに代わって生徒にレッスンを行うこともあった。

元祖天才少女・諏訪根自子

そんな小野アンナのもとへ、ヴァイオリンを習いたいと4歳の少女がやって来た（というより親に連れて来られた）。

のちにヴァイオリンの天才少女と謳われる諏訪根自子《ねじこ》（1920年、東京生まれ）である。根自子の父親・諏訪順次郎（1889年、鶴岡生まれ）は肥料会社を経営する裕福な家庭の次男坊。山形を出て東洋大学で哲学を学んでいる時に声楽家志望の今田瀧と出会い、結婚する。順次郎は作家の有島武郎（1878年、東京生まれ）やその弟で画家の有島生馬《いくま》（1882年、横浜生まれ）といった白樺派の文化人たちと交友を持つようなモボ（モダンボーイ）だった。しかし実家の会社が倒産し、順次郎は東京で自立する必要に迫られ就職、瀧の東京音楽学校入学の夢も潰えた。

順次郎は多くはない給料の中からせっせとレコードを買い集めた。当時でいうところのビクターの赤盤（いわゆるRCA Red Seal）と呼ばれていたシリーズで、エンリコ・カルーソー（1873年、ナポリ生まれ）やエマ・カルヴェ（1858年、フランス生まれ）といったオペラ歌手やミッシャ・エルマンやエフレム・ジンバリストといったヴァイオリニストのレコードだ。

母親・瀧はこうしたレコードをお腹の赤ん坊にも聴かせた。そうして生まれたのが根自子である。出産後もこうしたレコードをかけると、根自子の機嫌がよくなったという。

そんな様子を見たある日、順次郎は帝国劇場で行われたジンバリストの演奏会へ4歳の根自子を連れて行った。そして、「根自子も弾いてみたいかい?」と問う。うなずく根自子。

こうして、根自子は隣家の子供がたまたま彼女に習っていたということもあって小野アンナを紹介してもらい、彼女の家のドアをノックしたのだ。

最初のうちは高弟である中島田鶴子がヴァイオリンの手ほどきをしたが、ほどなくアンナがレッスンを行うようになった。アンナはレッスン前にアウアー直伝のシンプルなスケール(音階)練習を徹底してやらせた。根自子の正確な演奏の基礎はこの頃にできたもののようだ。

声楽家志望だった母親・瀧は、ステージママよろしく根自子のレッスンの送り迎えをし、小学校に通うようになるとヴァイオリン中心のタイムフローを作り、徹底させた。

朝は6時に起床し、登校前にヴァイオリンをさらったあと登校。午前中のしかるべきタイミングで早退し、昼食までの時間またヴァイオリンをさらう。昼食後、昼寝をしたあと、アンナ邸へレッスンに向かう。アンナ邸へのレッスンは無遅刻無欠席だったという。どんなに根自子が小さい時でも、楽器のケースは自分で持つ。

父親・順次郎の友人で画家の有島生馬の紹介で一条公爵家の園遊会で演奏し、小野アンナ門下生の発表会でも演奏して評判になった。

そんな根自子の噂は、音楽評論家・野村光一（1895年、大阪生まれ）の耳にも届き、彼の紹介でアレクサンドル・モギレフスキー（1885年、オデーサ生まれ）に師事することになった。モギレフスキーは帝国音楽学校や東京音楽学校で教師を務めていた。

そして、1930年（昭和5年）、ヴァイオリニストのエフレム・ジンバリストが来日した際、小野アンナが根自子を連れてジンバリストのいる帝国ホテルを訪ねた。そして、根自子はジンバリストの前でメンデルスゾーンの《ヴァイオリン協奏曲》を演奏した。

ジンバリストはこういった。


「ほほう、これは早くヨーロッパにでも行って、誰か適当な先生についたほうがいい」

（『諏訪根自子　美貌のヴァイオリニスト　その劇的生涯』萩谷由喜子）


翌1931年（昭和6年）になって、朝日新聞がこう報じた。

「ヴァイオリンの天才少女現る、ジムバリストを驚した目白の根自子ちゃん」（昭和6年1月24日付朝日新聞）

ヴァイオリンの天才少女——のちに何度か聞くようになるこのワードの、おそらく初めて使われたケースだろう。

1932年（昭和7年）、ついに諏訪根自子のデビュー・リサイタルが日本青年館で開かれた。12歳の天才少女が弾いたのは、タルティーニ《ヴァイオリン・ソナタ　ト短調》、ヴユータン《ヴァイオリン協奏曲第4番》、ヴィヴァルディ《2つのヴァイオリンのための協奏曲　イ短調》といった曲で、ヴィヴァルディは師匠のアレクサンドル・モギレフスキーがセカンド・ヴァイオリンを弾き、ピアノ伴奏はナデイダ・ロイヒテンベルク（モギレフスキー夫人）が担当した。

このリサイタルで、12歳の根自子は「神童」と呼ばれるようになった——。

しかし、根自子が有名になっていくにつれ、両親の間に溝が生まれ始めた。父親・順次郎にしてみれば天才ヴァイオリニストを育てたのが母親・瀧ひとりのお手柄のような空気は面白くない。それに加え、娘が稼ぐ少なくはないギャラの配分にも不満があったようだ。夫婦喧嘩が絶えなくなった中、瀧は子供たち全員を連れて家出を決行した。鈴木鎮一も彼女の相談に乗っていたというから世間は狭い。

順次郎の友人・有島武郎の弟・里見弴《とん》（1888年、横浜生まれ）がこの顛末をモデルにして『荊棘《いばら》の冠』という長編小説を発表している。

結局、家族が別居することで落ち着き、夫婦喧嘩をしている間は根自子のレッスンはしないと宣言していたモギレフスキーのレッスンも再開。

そして、諏訪根自子にレコーディングの話が舞い込んできた。日本コロムビアへのSPレコードである。ピアノ伴奏は、日本青年館でのデビュー・リサイタルの時と同じくナディダ・ロイヒテンベルクと上田仁（1904年、北海道生まれ）が担当した。

バッハ《無伴奏パルティータ第3番「ガヴォット」》、シューベルト《セレナード》、マリー《金婚式》、チャイコフスキー《アンダンテ・カンタービレ》、フォーレ《夢のあとに》といったヴァイオリンの小品を13枚にわたって録音した。

それから、1936年（昭和11年）、日比谷公会堂での「渡欧送別独奏会」を成功させたのち、鹿島丸に乗り込み海外留学への旅に出た。鈴木鎮一も世話になった徳川義親侯爵のバックアップによるものである。

アンナ門下生が音楽コンクールで1位に

諏訪根自子がリサイタル・デビューを飾った1932年（昭和7年）には第1回日本音楽コンクール（当時の名称は音楽コンクール）が時事新報社主催でスタートし、アウアー門下のニコライ・シフェルブラット（1887年、ロシア生まれ）にヴァイオリンを師事していた鷲《す》見《み》四郎（1913年、米子生まれ）がヴァイオリン部門の1位（当時は単に「賞」と呼ばれていた）に輝いた。

鷲見四郎の兄・三郎もヴァイオリニストで、1929年（昭和4年）に新交響楽団に入団して活動していた。三郎の門下には佐藤陽子（1949年、福島生まれ）らがいる。また、シフェルブラットも新交響楽団で指揮をしていたのだ。

1938年（昭和13年）の日本音楽コンクールのピアノ部門では、レオ・シロタの門下生、藤田晴子が1位に輝き、ヴァイオリン部門ではとうとう小野アンナ門下生が1位になる。巖本《いわもと》真理（1926年、東京生まれ）である――。

巖本真理は、ハーヴァード大学に留学後、日本のアメリカ大使館に勤務していた巖本荘民《まさひと》（生年不詳）と巖本マーグリート（1891年、アメリカ生まれ）との間に東京・西巣鴨で生まれた。6歳から小野アンナのもとでヴァイオリンを学んでいたが、病弱だったこととハーフゆえいじめを受け、通っていた私立帝国小学校を中退。以降、ヴァイオリンのレッスンに集中した。

そして、前出の通り1938年(昭和13年)の日本音楽コンクールで1位になるのだ。1939年(昭和14年)、巖本はレオ・シロタのピアノ伴奏で最初のリサイタルを開いた。彼女は戦後、東京音楽学校で教壇に立ち、ヴァイオリニストとしても室内楽を中心に演奏活動を行った。

このように弟子を順調に育ててきた小野アンナだったが、この前後、私生活で不幸が起こっていた。

最愛の長男・俊太郎(1919年、東京生まれ)の早逝である。

俊太郎にはヴァイオリンの早期教育を施していて、1931年(昭和6年)には12歳の若さで改組された新交響楽団に入団。ファースト・ヴァイオリンの一員になるほどの腕前だった。早稲田大学で教鞭を取る学者肌の夫・小野俊一と芸術家肌のアンナとは生活パターンが違っていた。お互い求める夫婦像も違い始めていた。そこで、アンナは俊太郎をロシアに留学させるプランを温めていた。自らも同行するつもりだった。ところが俊太郎は急性虫垂炎で他界してしまった。1933年（昭和8年）のことだ。

アンナは1年間、レッスンを断り、息子の眠る多摩の墓地へ通い続けた。

それから2年後、俊一との離婚が成立するが、小野姓を名乗り続け（新たな戸籍を作った）、同じ屋敷に暮らしてヴァイオリンのレッスンを続けた。

諏訪根自子がデビューを飾り、第1回日本音楽コンクールがスタートした1932年（昭和7年）年の翌1933年（昭和8年）には、パリ音楽院でラザール・レヴィ（1882年、ブリュッセル生まれ）に師事したピアニストの原智恵子（1914年、神戸生まれ）が、プルミエプリを引っさげて日比谷公会堂で「帰朝第一回リサイタル」を開いた。彼女の渡仏をサポートしたのも画家の有島生馬だというから面白い。

1941年（昭和16年）には、原と同じくパリ音楽院でラザール・レヴィに師事したピアニストの草間嘉壽子《かずこ》（1922年、兵庫生まれ、のちの安川嘉壽子）が日比谷公会堂で「帰朝第一回リサイタル」を開いた。

こうした若くて才能のある音楽家たちが戦前の日本の楽界を席巻していた。

鷲見四郎が日本音楽コンクールで1位に輝いたその6年後の1938年（昭和13年）、ピアノ部門ではレオ・シロタ門下の田中園子（1919年、東京生まれ）が1位になり、ヴァイオリン部門では13歳の辻久子（1926年、大阪生まれ）が1位になった。

この辻久子はこのあと関西の楽界を引っぱっていくソリストである。

1933年（昭和8年）、諏訪根自子の関西デビューの演奏会が大阪・朝日会館で行われた。この時、客席に7歳の辻久子がいた。隣には父親でヴァイオリンの師匠・辻吉之助（1898年、京都生まれ）。この吉之助こそ、宝塚管弦楽団のコンサートマスターを務め、娘の久子や久保田良作（1928年、東京生まれ）、和波孝禧《わなみたかよし》（1945年、東京生まれ）といったヴァイオリニストを育てた人物だ。

ここで、関西の楽界についても触れておきたい。

阪神間モダニズム

関西の楽壇と聞くとすぐに名前が上がるのが指揮者の朝比奈隆（1908年、東京生まれ）である。

朝比奈は旧制高校卒業までは東京に住んでいた。関西出身のように思われる人もいるかも知れないが東京生まれである。

朝比奈は旧制高校時代、日本青年館で新交響楽団へ客演していた指揮者エマヌエル・メッテル（1878年、ウクライナ生まれ）の魅力にやられてしまった。

「客演されてね。それを僕は二度ほど仲間と高等学校の時代に聞きに行きましたよ。非常に異色なんですな。それまでは指揮者といえばドイツ帰りの近衛さんか山田先生か、上野音楽学校のお雇いのドイツ人教師でしょう。大体、パターンが決まってますわね。そこへメッテルさんがあらわれたから驚きますよ。薄化粧して出てくるんですからね」

（『朝比奈隆　わが回想』朝比奈隆・矢野暢）

「近衛さん」とは近衛秀麿、「山田先生」は山田耕筰のことだ。さらに朝比奈はこう続ける。

「それで、ともかく素敵なんですよ。最初の演奏会のときに、カリニコフの交響曲第一番が済むと、パッと燕尾服の内ポケットから京扇子を出して、あおぎながら……やっているんですよ。もう感激しちゃって、諭吉の孫なんて興奮しちゃって、家には帰れないとか言ってね（笑）。帝政時代末期っていうのは、一種のデカダンスですから、個性的な面白い、立派な芸術家が多かったですね」

そのメッテルが京都大学の音楽部の指導をしていたと聞いて、朝比奈は京都大学法学部に進んだ。1928年（昭和3年）のことだ。

朝比奈はサッカー部にも所属しながら、音楽部でエマヌエル・メッテルの指導を受けた。京都大学オーケストラでヴァイオリンを演奏していたのだ。

卒業後、一度は阪急電鉄に入社。2年間だけサラリーマン生活をした後、京都大学文学部に再入学。メッテルに本格的にヴァイオリンを弾くように勧められたのもこの頃だ。

大阪でのラジオ放送も東京と同様、1925年（大正14年）にスタートした。東京放送局のコールサインが「JOAK」、大阪放送局（のちのNHK大阪放送局）が「JOBK」である。

大阪放送局はラジオ番組のためにJOBKオーケストラを設立。それから、大阪フィルハーモニック・オーケストラ、JOBKラヂオ・オーケストラと名称を変えた。その後、JOBKラヂオ・オーケストラは大阪放送交響楽団になった。

朝比奈はチェリストの伊達三郎（1897年、東京生まれ）に誘われ、ヴァイオリニストとして大阪三重奏団に加わり、ラジオ番組にも出演した。ピアニストは東貞一（1903年、東京生まれ）。1915年（大正4年）に開設した大阪音楽学校（のちの大阪音楽大学）で朝比奈、伊達、東は教鞭も取っていたが、朝比奈は教師をやめ、JOBKの専属指揮者になる。そして、外務省の嘱託により中国に渡って上海交響楽団の指揮者を1シーズン務めた。

朝比奈が入社した阪急電鉄は、実業家・小林一三《いちぞう》（1873年、山梨生まれ）が作り上げた阪急グループのひとつ。現在の阪急阪神ホールディングスである。

小林が構想していたのは、不動産業、流通業、文化事業をひとつにしたマルチ戦略プロジェクト。具体的には、大阪と神戸の間を鉄道で結び、六甲山麓に高級住宅街を開発して人口を呼び込み、阪急デパートなどの商業施設を充実させてそのエリア全体を盛り上げていく〝田園都市構想〟である。宝塚歌劇団（1913年創設）、阪急ブレーブス（1936年にプロ野球・阪急軍を発足）といったスポーツ・文化事業も含め、このエリアで豊かな芸術文化が花開いた。これを阪神間モダニズムと呼ぶ。さらには、小林は東京・日比谷に東京宝塚劇場（1934年〜）を建設し、有楽座、帝国劇場など日比谷一体の文化施設を牛耳った。

この阪神間モダニズムを象徴する音楽家のひとりが、ヴァイオリニストの貴志康一（1909年、吹田生まれ）である。

9歳当時から芦屋に住んでいた貴志は、旧制甲南中学在学中の14歳よりアウアー門下のミハイル・ヴェクスラー（1896年、リトアニア生まれ）にヴァイオリンを習っていた。ミハイル・ヴェクスラーは芦屋でヴァイオリン教室を開くかたわら、JOBKのラジオ番組にも出演していた。貴志は、神戸女学院で教鞭を取り宝塚交響楽団（のちの宝塚歌劇オーケストラ）の指揮者も務めていたヨーゼフ・ラスカ（1886年、オーストリア生まれ）にも作曲・音楽理論を学んだ。

エマヌエル・メッテル、ミハイル・ヴェクスラー、ヨーゼフ・ラスカ――こういった東京に見劣りしない外国人音楽家が戦前の阪神間にはいて、関西に音楽の専門教育を行う学校がまだない時代から（神戸女学院や相愛高等女学校は音楽の専門教育を始めていた）、音楽家の卵たちを指導していたのだ。1915年（大正4年）に大阪音楽学校（のちの大阪音楽大学）が開校してしばらくすると、同校の特別専門科でヴァイオリン科のアレクサンドル・モギレフスキー、ピアノ科のマキシム・シャピロ（1885年、ロシア生まれ）らも授業を行うようになった。

1926年（大正15年）、貴志康一は17歳でジュネーヴ音楽院に入学した後ドイツに移り、ベルリン高等音楽学校でカール・フレッシュ（1873年、ハンガリー生まれ）に師事。以降、ヨーロッパと日本を行き来しながら、指揮者・作曲家として活動した。1935年（昭和10年）には独テレフンケン社にてベルリン・フィルハーモニー管弦楽団との共演で自作の楽曲を録音している。

1929年（昭和4年）には、康一は1710年製ストラディヴァリウス「キング・ジョージ三世」に惚れ込み、父親・貴志弥右衛門（1882年、大阪生まれ）に大枚をはたかせてこれを購入。シベリア鉄道経由で日本に持ち帰った。結局、この名器を手放し、現在はさる財団の所有になってはいるが、芦屋の金持ちは並の金持ちではないことを示すエピソードだ。

ゲッベルスの贈り物

1936年（昭和11年）からベルギーのブリュッセルに留学しエミール・ショーモン（1878年、ベルギー生まれ）に師事していた諏訪根自子だが、2年間という交換留学生の期限が迫っていた。まだ残りたいと思っていた根自子にフランス留学中のピアニスト原智恵子が救いの手を差し伸べるのだ。

原智恵子はパリ留学から一旦帰国し、フランス政府給付留学生として再渡仏していた。

智恵子は、1937年（昭和12年）のショパン・コンクールに出場した時に知り合ったワルシャワ放送管弦楽団のコンサートマスター、ボリス・カメンスキー（1870年、ロシア生まれ）がパリに移ったので紹介するからと根自子を誘ったのだ。

行く先はあっても公費による交換留学生の期限は迫っていて、ヨーロッパに残るには費用を工面しなければならないという中、さらに救世主が現れる。大倉喜七郎男爵（1882年、東京生まれ）その人である。

大倉喜七郎はあのホテルオークラや川奈ホテルを経営する大倉財閥の2代目。自らもフルートを演奏するという教養人の喜七郎がヨーロッパに滞在していた。彼がローマで主催した「日伊交歓晩餐会」に、大倉に同行して訪問地での親善会で根自子は演奏を披露した。その際、彼女の苦境を知ると、

「交換留学の期限が切れたら、パリで勉強するとよい。費用は一切、わたしが面倒をみましょう」（『諏訪根自子　美貌のヴァイオリニスト　その劇的生涯』萩谷由喜子）

と申し出た。

徳川義親侯爵といい、大倉喜七郎男爵といい、はたまた近衛秀麿子爵といい、戦前の資産家は教養もあり、持っている資産も桁違いだ（パトロンとアーティストの関係は、古今東西変わらない）。

かくしてパリでカメンスキーのレッスンを受け始めた諏訪根自子は、１９３９年（昭和14年）、サル・ショパンでリサイタルを開く。バッハ《無伴奏シャコンヌ》やショーソン《詩曲》などを演奏して好評を得た。

ところが、同じ年の夏、ドイツがポーランドを侵攻。イギリスとフランスがドイツに宣戦布告をするに至り、外務省は在欧州の邦人に対し帰国を推奨するメッセージを発した。

１９４０年（昭和15年）になると、パリに滞在していたピアニストの草間加壽子や原智恵子、画家の藤田嗣治《つぐはる》（１８８６年、東京生まれ）や岡本太郎（１９１１年、神奈川生まれ）も続々と帰国の途につく中、根自子はパリにとどまった。そして、ドイツ軍がパリに入城。日本からの送金も途絶えた。師匠のカメンスキーが何とか根自子の生活を支えた。

そんな占領下のパリで、諏訪根自子はジャン・フルネ（１９１３年、フランス生まれ）指揮のコンセール・ラムルーの演奏会で、チャイコフスキー《ヴァイオリン協奏曲》を演奏した。客席にはジャック・ティボー（１８８０年、ボルドー生まれ）の姿もあったという。

そんな根自子に、またも救いの手が述べられた。今度はベルリンからである。ベルリン滞在中の近衛文麿を通じて、大規模な音楽祭を開催しようというプランを立てていたベルリン市長からの誘いである。自分たちを酷い目に遭わせたドイツには行きたくない。でも、再び誘いがかかる。断りきれずに（生活の拠点をパリに残したまま）ようやく根自子がベルリンに向かったのは1942年（昭和17年）末のことだった。

ベルリンでは声楽家の田中路子《みちこ》（1909年、神田生まれ）が彼女を迎えてくれた。田中は「コーヒー王」と異名をとる大富豪ユリウス・マインルⅡ世（1869年、ウィーン生まれ）と結婚した後、人気俳優のヴィクター・デ・コーヴァ（1904年、ドイツ生まれ）と恋に落ち、コーヒー王と離婚、デ・コーヴァと再婚した。

この田中路子とチェリストの齋藤秀雄は恋仲だったという記述が中丸美繪著『嬉遊曲、鳴りやまず』にある。齋藤は1930年（昭和5年）に再びドイツ留学をしてエマニュエル・フォイアマン（1902年、ウクライナ生まれ）に師事していた。

ヴァイオリンのヤッシャ・ハイフェッツ、ピアノのアルトゥール・ルービンシュタイン（1887年、ポーランド生まれ）と「百万ドルトリオ」を組んでいた、あの伝説のチェリスト、フォイアマンである（齋藤は1934年にシャルロッテと離婚している）。

この通り田中路子は恋多き女性だったようだが、ともかくドイツに留学する日本人音楽家たちの世話役として彼らを篤くサポートしていたのだ。

ベルリン市長による音楽祭のプランが一向に実現しない中、諏訪根自子は単独でドイツ・デビュー（独演会）を飾った。そんな根自子に興味を持ったのが、ベルリンの特命全権大使・大島浩（１８８６年、岐阜生まれ）である。

大島は、天才ヴァイオリニスト根自子は日独の架け橋になるのでは、と踏んだ。そして根自子は田中邸から大島邸に移り住み、ナチスとの関係を深めていく。ドイツ語も堪能、親独の大島は根自子をドイツ赤十字によるドイツ各地への慰問コンサートに送り出した。彼女は時にラジオにも出演した。

こうした流れで、根自子はナチスの宣伝相ヨーゼフ・ゲッベルス（１８９７年、ドイツ生まれ）から慰問演奏の返礼としてストラディヴァリウスを贈呈されることになる。贈呈式は１９４３年（昭和18年）に行われ、日本の新聞でも写真入りで報じられた。

このストラディヴァリウスを携えて、根自子はハンス・クナッパーツブッシュ（１８８８年、ドイツ生まれ）の指揮でベルリン・フィルハーモニー管弦楽団と共演。ブラームス《ヴァイオリン協奏曲》を演奏した。１９４３年（昭和18年）10月のことだ。結局、クナと共演した日本人は諏訪根自子ひとりだけだ。
ただ、彼女のチョイスした人生は戦後、あらぬ方向へと転がっていく。

第3章　スズキ・メソードと弦の桐朋

終戦、そして新しい教育システム

風雲急を告げる――。

1944年（昭和19年）6月、連合国軍によるあのノルマンディー上陸作戦が決行されたのだ。

これにより、ドイツ軍のパリ撤収が始まり、ドイツ、イタリアは劣勢に立たされ、彼らと軍事同盟を組んでいた日本はさらに窮地に追い込まれることになった。

そして、翌1945年（昭和20年）に終戦を迎えた――。

日本はアメリカによって占領統治され、農地が解放され、財閥が解体され、爵位を持つ貴族が日本から消え、彼らの庇護を受けていた音楽家たちも路頭に迷うことになった。

1947年（昭和22年）の「教育基本法」「学校教育法」の施行により、現在の6・3・3・4の学校制になった。

東京音楽学校は東京美術学校と合併して1949年（昭和24年）、東京藝術大学になった。

1907年（明治40年）設立の東洋音楽学校は東洋音楽大学という名称を経て、東京音楽大学（1969年）になる。1926年（大正15年）に開校した東京高等音楽院は国立音楽大学（1950年）に、東京高等音楽院・大塚分教場は東邦音楽大学（1965年）に、1904年（明治37年）に開校した上野女学校は上野学園大学になって音楽学部が併設（1958年）された（2021年度より大学の学生募集を停止した）。

1928年（昭和3年）に開校した帝国音楽学校は1945年（昭和20年）の東京大空襲で焼失し、廃校の憂き目にあった。アレクサンドル・モギレフスキーや鈴木鎮一はこの学校で教壇に立っていた。

このように、戦争は日本中を焼け野原にしたが、日本各地でさまざまな萌芽が見られ、クラシック音楽大国への道を歩み始めていくのだ。

そんな中、ヴァイオリニストの鈴木鎮一が、チェリストの齋藤秀雄が、大きな種を撒き始める。2人とも楽器のレッスンをスタートした年齢が遅く、海外での教育システムを目の当たりにして音楽の「早期教育の重要性」に気がついていた。

まずは、ヴァイオリン王・鈴木政吉の息子、鈴木鎮一に再度ご登場いただく。

才能教育研究会の誕生

１９３２年（昭和7年）、鈴木クワルテットで演奏活動を続けていた鈴木鎮一のもとに、父親に連れられた4歳の少年が訪ねてきた。江藤俊哉（１９２７年、東京生まれ）である。

のちに千住真理子（１９６２年、東京生まれ）や諏訪内晶子（１９７２年、東京生まれ）を育てることになる、あの江藤俊哉だ。

江藤は１９３９年（昭和14年）に日本音楽コンクールの１位を最年少（当時）の12歳で獲得するまで鈴木に師事していた。彼を指導した鈴木鎮一は、『誰にでも出来るヴァイオリンの音の矯正法』（大日本音楽協会叢書）を共益商社書店より出版するなど、ヴァイオリンの教育者としての立ち位置を確立していったのだ。

鈴木鎮一は、江藤俊哉にレッスンを行う中で、日本人が母国語の日本語を流暢に話すように音楽も同じように耳から音楽を教えることで上達することに気づいた。彼はこの体験から「母語教育法」を提唱する。さらにいえば、そのためには早期教育が必要だというのだ。

終戦直後、ヴァイオリニストの鈴木鎮一はこうした早期教育を行う新しい音楽学校の開設プランを立てていた。

そんなある日、鎮一が工場長を務めていた長野県・木曽福島に、中部日本新聞記者の鍛冶倉邦二が長野・松本の文化人とともに訪れる。長野県・松本に是非、音楽院を作ってほしいという意向を伝えるためだ。

聞けば鎮一と帝国音楽学院時代の同僚だった声楽家の森民樹（生年不詳）が松本に疎開していて音楽院開設に参加するという。

こうした経緯で、翌1946年（昭和21年）9月、松本に松本音楽院が開設された。鎮一の子供を中心に教えたいという要望が通ったのだ。

これは、ピアノ音楽の聖地がヤマハやカワイが立ち上がった静岡県・浜松になったように、ヴァイオリンを中心とした弦楽器の聖地が松本になるきっかけとなる。

のちには齋藤秀雄の弟子たちによって1992年（平成4年）に「サイトウ・キネン・フェスティバル松本」が桐朋学園出身者を中心に立ち上がり、2015年（平成27年）には「セイジ・オザワ 松本フェスティバル」に名称が変わり世界的な音楽祭になった。

鎮一はこうした理念をもとに、同年（1946年）末には「全国幼児教育同志会」を立ち上げ、『幼児の才能教育と其の方法』を出版。

１９４８年（昭和23年）には「才能教育研究会」と改称し、１９５０年（昭和25年）、「公益社団法人　才能教育研究会」としての認可を受けた。「才能教育運動」（スズキ・メソード）のスタートである。

ほどなく東京をはじめ、日本各地に支部が設置される。

そして、名古屋でスズキ・メソード所属の教師によってヴァイオリンのレッスンをスタートさせたひとりに、大谷康子（１９５５年、仙台生まれ）がいる。

「スズキ・メソードとは、鈴木鎮一先生という方がはじめられた教育法で、国内はもちろん、今や欧米をはじめ世界中に広がっています。鈴木鎮一先生の言葉で素晴らしいのは『どの子も育つ、育て方ひとつ』というもの。私はこの言葉が大好きで、いつも心に留めています」（『ヴァイオリニスト　今日も走る！』大谷康子）

彼女をはじめスズキ・メソードの出身者には、ヴァイオリニストの浦川宜也《たかや》（１９４０年、東京生まれ）、石川静（１９５４年、東京生まれ）、竹澤恭子（１９６６年、愛知生まれ）、渡辺玲子（１９６６年、東京生まれ）、葉加瀬太郎（１９６８年、吹田生まれ）、辻彩奈（１９９７年、岐阜生まれ)、チェリストの宮田大(1986年、高松生まれ)がいる。

1964年(昭和39年)には「テン・チルドレン」というプロジェクトがスタート。前出の大谷康子は8歳の時にアメリカへの演奏旅行を経験している(辻彩奈も10歳の時にテン・チルドレンに選ばれている)。

「テン・チルドレンとは、全国のスズキ・メソードの生徒の中から、10人の子どもが選ばれて、海外へ演奏旅行に行くというもの。私は1964年の第一回のメンバーに選ばれて、鈴木鎮一先生とともに22日間にわたり、アメリカのシアトル、シカゴ、ボストン、ニューヨーク、フィラデルフィアなどを訪れて演奏しました。それ以後、30年間にわたり、後輩のテン・チルドレンたちが世界20カ国を訪れています」(『ヴァイオリニスト今日も走る!』大谷康子)

こうした活動によりスズキ・メソードは海外でも普及。ヴァイオリニストのアン・アキコ・マイヤース(1970年、サンディエゴ生まれ)、サラ・チャン(1980年、フィラデルフィア生まれ)、ヒラリー・ハーン(1979年、レキシントン生まれ)などもスズキ・メソードの出身者である。

子供のための音楽教室

一方、ドイツ帰りのチェリスト・指揮者（1928年に新交響楽団の定期演奏会で指揮者デビューをしていた）の齋藤秀雄がこだわったのは、アンサンブルの重要さである。早期教育で楽器のスキルを身につけ、アンサンブルの腕を上げることによってオーケストラを育てようとしたのだ。

鈴木鎮一が松本で松本音楽院を立ち上げたその翌々1948年（昭和23年）、東京でも齋藤秀雄が走り回って音楽の早期教育を行うための学校が産声を上げた。

「子供のための音楽教室」である――。

齋藤はまず、音楽評論家の吉田秀和（1913年、東京生まれ）を口説き落とし、ピアニストの井口基成（1908年、東京生まれ）や声楽家の伊藤武雄（1905年、広島生まれ）、作曲家の柴田南雄《みなお》（1916年、東京生まれ）を仲間に引き入れて、音楽の早期教育を目指したこの学校を立ち上げた。

それぞれがそれぞれのコネクションを駆使して講師陣を集めた結果、作曲家の別宮貞雄《べつくさだお》（1922年、東京生まれ）、石桁真礼生《いしけたまれお》（1916年、和歌山生まれ）、ピアニストの井口秋子（1905年、広島生まれ）、井口愛子（1910年、東京生まれ）、弦楽器では鷲見三郎や小野アンナも名を連ねた。東京藝術大学の教授陣に負けない錚々たる面子である。

第1期生には、指揮者の小澤征爾《おざわせいじ》（1935年、中国の奉天生まれ）、ヴァイオリニストの松田洋子（1942年、東京生まれ）、二宮夕美（生年不詳、のちにカーティス音楽院の教授）、ヴィオリストの江戸純子（のちの瀬川純子、1939年、東京生まれ）、チェリストの堤剛《つつみつよし》（1942年、東京生まれ）、ピアニストの中村紘子《ひろこ》（1944年、山梨生まれ）、江戸京子（1937年、東京生まれ）、本荘玲子（1936年、東京生まれ）といった戦後の楽壇を支える逸材が揃っていた。ピアニスト・作曲家の高橋悠治（1938年、東京生まれ）もこの時期、ここに通っていたことがある。

当初は借り物の校舎（東京・千代田区三番町の東京家政学院）で小中学生に授業を行っていたが、生徒たちの年齢が上がっていくにつれ中学・高校・大学が必要になり、東京・調布（仙川キャンパスと調布キャンパスがある）の桐朋女子高校音楽科（1952年発足）を経て、桐朋学園大学音楽学部（1961年発足）へと発展していく。

桐朋学園大学出身者は数が多すぎるので、ここでは割愛する（出身者はその都度触れることにする）が、桐朋女子高校音楽科（音楽科のみ男女共学）だけ列挙します。

ヴァイオリニストは、潮田益子《うしおだますこ》（１９４２年、中国の奉天生まれ）、久保陽子（１９４３年、鹿児島生まれ）、藤川真弓（１９４６年、旭川生まれ）、安永徹（１９５１年、福岡生まれ）、堀米ゆず子（１９５７年、東京生まれ）、久保田巧（１９５９年、東京生まれ）、豊嶋泰嗣《とよしまやすし》（１９６４年、東京生まれ）、高嶋ちさ子（１９６８年、東京生まれ）、戸田弥生（１９６８年、福井生まれ）、諏訪内晶子、川畠成道《かわばたなりみち》（１９７１年、三鷹生まれ）、会田桃子（１９７５年、横浜生まれ）、奥村愛（１９７９年、アムステルダム生まれ）、神尾真由子（１９８６年、豊中生まれ）、成田達《たつ》輝《き》（１９９２年、弘前生まれ）、チェリストは、長谷川陽子（１９７０年、東京生まれ）、古川展生《のぶお》（１９７３年、京都生まれ）、宮田大、上村文乃（１９９０年、東京生まれ）など。これにピアニスト（中村紘子、仲道郁代など）が加わると大変なことになる。もちろん、小澤征爾もこの高校の出身者だ。

　このように、戦後、桐朋学園は日本の音楽家を生み出すアカデミーとして東京藝術大学と双璧を成す存在になった。とりわけ弦楽器奏者を多く輩出しているため、〝弦の桐朋〟と異名をとる。

ヴァイオリニストの渡辺玲子は3歳半からスズキ・メソードでヴァイオリンを始め、7歳から子供のための音楽教室に通い、15歳で日本音楽コンクールの1位を獲得した。その後、藝高（東京藝術大学音楽学部附属音楽高校）に入学するも2年で中退。大学検定試験に合格し、ジュリアード音楽院へ留学した。彼女はあちこちのアカデミーを自由に行き来しているように見える。

ピアノの世界ではこうはいかない。拙著『日本のピアニスト』でも詳しく書いたが「井口門下生（桐朋学園系）は安川先生（東京藝大系）の演奏会に行ってはいけない」などという不文律があったという。さながら封建的な世襲の残る日本舞踊の世界のようだ。

オーケストラはさまざまなアカデミーで学んだ弦楽器奏者が仲よく並んでアンサンブルを形成する（呉越同舟とまではいわないものの）。

東京藝術大学出身でＮＨＫ交響楽団にいたヴァイオリニストの鶴我裕子（福岡生まれ）の著書にこんなエピソードがある。

「定期のゲネプロの休憩時間に、トウサイの訃報が流れたの。そしたら、桐朋出身者の人たち、みんな泣くのね。休憩が終って後半が始まると、目を真っ赤にしているかいな

いかで、見分けがつくほどだった。うらやましいなと思った」（『バイオリニストは弾いてない』鶴我裕子）

「トウサイ」とは齋藤秀雄のことで、「ゲネプロ」とは通し稽古のこと。指揮者・齋藤秀雄に関しては、同書にこんなエピソードもある。

「これも読響だけど、トウサイ（齋藤秀雄）が来た時は、もう大変だった。コンマスが『我々は学生ではない』と抗議するし、先生は控室にこもっちゃうしで」（同）

これはNHK交響楽団のファースト・ヴァイオリンにいた金田幸男（1948年、東京生まれ）の発言である。NHK交響楽団に入る前は金田は読売日本交響楽団にいたので、その時のエピソードらしい。

一事が万事こんなふうな齋藤秀雄なので、1941年（昭和16年）には新交響楽団で彼をボイコットする事件が起きていた。一方、鶴我のエピソードにあるようにトウサイ派といわれる齋藤を慕うグループもできていた。熱血漢・齋藤秀雄――。

今の時代だとやれコンプライアンスだ、パワハラだと火だるまになりそうな人物ではあるが、会って教えを受けてみたかった人も多いかも知れない。

カーネギー・ホールの舞台に立つ

1948年（昭和23年）、スズキ・メソードの「才能教育第1号」ともいうべき江藤俊哉が東京音楽学校を卒業した。同校の教壇に立った後、ほどなくフィラデルフィアのカーティス音楽院に留学した。そして、エフレム・ジンバリストに師事した。諏訪根自子に留学を勧めた、あのアウアー門下の巨匠である。

当時のアメリカには終戦前からナチの迫害を逃れ、多くのユダヤ系の音楽家がヨーロッパから移り住んでいた。

ヴァイオリニストのフリッツ・クライスラー（1875年、ウィーン生まれ）、ヤッシャ・ハイフェッツ、ナタン・ミルシテイン、エフレム・ジンバリスト、アイザック・スターン（1920年、ウクライナ生まれ）、ピアニストのウラディミール・ホロヴィッツ（1903年、ウクライナ生まれ）、アルトゥール・ルービンシュタイン、指揮者のブルーノ・ワルター、セルゲイ・クーセヴィツキー（1874年、ロシア生まれ）といったビッグネームである。また、ジョージ・セル（1897年、ブダペスト生まれ）、ユージン・オーマンディ（1899年、ブダペスト生まれ）、フリッツ・ライナー（1888年、ブダペスト生まれ）、ゲオルグ・ショルティ（1912年、ブダペスト生まれ）といったユダヤ系ハンガリー人の指揮者たちも全米各地でオーケストラを鍛え上げた。ユダヤ系に加え、オーストリア・ハンガリー帝国の血はオーケストラ・ビルダーにうってつけだったという人もいる。

そして、フリッツ・ライナー指揮・シカゴ交響楽団がヤッシャ・ハイフェッツを迎えてチャイコン（チャイコフスキーのヴァイオリン協奏曲）を録音して、それがRCA Red Sealシリーズ（諏訪根自子の父親が集めていたビクターの赤盤）のレコードとしてリリースされる。指揮者、ソリストだけでなく、オーケストラにもユダヤ人の奏者が多くいた。こうした演奏会は、NBCなど全米ネットワークのラジオでオンエアされる。

こんなふうにして、アメリカはヨーロッパと肩を並べるクラシック音楽大国に発展するのだ。

1951年（昭和26年）には、江藤俊哉はニューヨークのカーネギー・ホールでリサイタル・デビューを飾る。終戦して10年もたたないうちにカーネギー・ホールでヴァイオリンを弾く日本人が現れるだけでも大変なことなのに、江藤は同音楽院を卒業後、1954年（昭和29年）にはカーティス音楽院の教授に就任した。翌1955年（昭和30年）にはアンジェラ・ヌドと結婚。

1958年（昭和33年）にはDECCAと契約して、ヘンデル《ヴァイオリン・ソナタ集》などのレコードをリリース。アメリカに腰を落ち着けて音楽家・指導者の道を全うするかに見えた1961年（昭和36年）、アンジェラ夫人ら家族を伴って帰国した。

こうして彼は日本で指導者として大きな仕事をする。

その話は、またのちほど――。

第4章

ソ連を選ぶか、アメリカへ飛ぶか——

ソ連で学ぶ天才少女たち

第二次大戦後、ソ連国内にとどまったユダヤ系の音楽家は、容易に国外へ出ることは難しくなっていた。

ヴァイオリニストでいうと、ダヴィッド・オイストラフ（１９０８年、オデーサ生まれ）、レオニード・コーガン（１９２４年、ウクライナ生まれ）、ピアニストのスヴャトスラフ・リヒテル（１９１５年、ウクライナ生まれ）、エミール・ギレリス（１９１６年、オデーサ生まれ）といった音楽家たちである。共産主義体制の排他的な国柄は〝鉄のカーテン〟の向こう側などと呼ばれていた。

ただ、プロパガンダと称してこうした演奏家が時折、西側（当時は自由主義陣営をこう呼んでいた）で演奏会を行うことがあった。日本にも来た。

１９５８年（昭和33年）に来日したレオニード・コーガンが公開レッスンを行っているその時、ひとりの天才少女が目にとまった。

佐藤陽子である――。

のちに画家で芥川賞作家の池田満寿夫（１９３４年、中国の奉天生まれ）と仲睦まじい夫婦生活（事実婚）でマスコミを賑わしたあの佐藤陽子だ。

コーガンに認められた佐藤は、１９５９年（昭和34年）、ソ連の給付留学生としてモスクワ音楽院附属中央音楽学校に入学した。

今でこそ、たとえばピアニストの松田華音《かのん》（１９９６年、高松生まれ）のように幼少の頃からロシアに渡る日本人演奏家も少なくないが、50年代の終わりといえば、まだまだ東西冷戦真っ只中。ソ連に渡るのは容易ではなかった。

１９６６年（昭和41年）、チャイコフスキー国際コンクールのヴァイオリン部門で佐藤陽子は３位に入った。この時、２位に入ったのは潮田益子である。

小野アンナ門下の潮田は、子供のための音楽教室を経て桐朋女子高校で齋藤秀雄に師事し、13歳で東京交響楽団と共演してデビュー。１９５７年（昭和32年）、15歳で日本音楽コンクールの１位を獲得。卒業後にはソ連政府の招きでレニングラード音楽院に留学、ミハイル・ヴァイマン（１９２６年、ウクライナ生まれ）に師事。１９６３年（昭和38年）のエリザベート王妃国際コンクールの入賞を経て、１９６４年（昭和39年）からヨーゼフ・シゲティに師事していた。そして、１９６６年（昭和41年）、チャイコフスキー国際コンクールで潮田益子と佐藤陽子は２位と３位を分け合うのだ。このひとつ前の大会（１９６２年）ではやはり桐朋女子高校を卒業したばかりの久保陽子が3位を獲得している。さらにいうと、１９６５年（昭和40年）のショパン国際ピアノコンクールでは、中村紘子が４位に入っている（この時の1位はマルタ・アルゲリッチ）。

このように１９６０年代は先達が考えた音楽教育が花開き、メジャーな国際コンクールで入賞するだけの実力をつけた日本人音楽家が海外に飛び出していったのだ。

潮田と佐藤が入賞した４年後の１９７０年（昭和45年）に開かれたチャイコフスキー国際コンクールでは、やはり桐朋女子高校出身の藤川真弓が2位に入った。この時の１位はギドン・クレーメル（１９４７年、ラトビア生まれ）。

「チャイコンの本選で楽器が故障し、惜しくもクレーメルに優勝を許した」（『バイオリニストは弾いてない』鶴我裕子）

ここに語られている通りだとすると、藤川真弓の実力は空恐ろしいものだったに違いない。鶴我が所属していたＮＨＫ交響楽団にソリストとして招かれた時も、桐朋の同級生でさえ遠巻きに見ていたというほどのオーラを藤川は持っていたという。

レニングラードからニューヨークへ

潮田益子と同じ年（１９６１年）にソ連へ飛んだのが、前橋汀子《ていこ》（１９４３年、東京生まれ）である。前橋は、ヨーゼフ・シゲティやダヴィッド・オイストラフの来日演奏会を見て、ヴァイオリニストを志したという。

前橋もまた小野アンナ門下で、子供のための音楽教室で齋藤秀雄に師事している。前橋も潮田と同じくレニングラード音楽院でミハイル・ヴァイマンに師事した。

毎日、8時間~10時間の基礎練習（スケールやエチュード）に明け暮れる中、佐藤陽子がレニングラードに来たという。

「レニングラード音楽院のライバルとも言うべきモスクワ音楽院でレオニード・コーガンに師事し、天才少女と言われた十代の佐藤陽子さんが、レニングラードに演奏しに来ました。（中略）佐藤さんといえば、白いソックスを履き、髪には白いリボン。かわいらしく着飾り、華やかな舞台でとても上手に演奏していました。それに比べて、私といったら――」（『私のヴァイオリン　前橋汀子回想録』前橋汀子）

そんなふうに厳しいレッスンに明け暮れる中、前橋はエフゲニー・ムラヴィンスキー（1903年、サンクトペテルブルグ生まれ）指揮によるレニングラード・フィルハーモニー交響楽団（Leningrad Philharmonic Orchestra）のチャイコフスキー《交響曲第６番「悲愴」》や作曲者のイーゴリ・ストラヴィンスキー（1882年、ロシア生まれ）自らが指揮する《火の鳥》を生で見たという。このタイミングでレニングラードにいなければ叶わなかった――さながら、1965年（昭和40年）にジュリアード音楽院に留学中の中村紘子がウラディミール・ホロヴィッツのカーネギー・ホールでのリサイタル（のちに〝ヒストリック・リターン〟と呼ばれる）に立ち会ったような――貴重な体験なのだ。

しかし、一時帰国していた1966年（昭和41年）、前橋汀子に転機が訪れる。

その時、来日していたジュリアード弦楽四重奏団がワークショップを行った。そして、シェーンベルクを弾いてみたいと思っていた前橋は、そのワークショップに参加した。ジュリアード弦楽四重奏団は現代音楽を得意としていて、とりわけシェーンベルク《弦楽四重奏曲全集》の録音で世界的な評価を得ていたのだ。

「ワークショップに参加するまでは、私はレニングラード音楽院に戻るつもりでいました。でも当時のソ連では、チャイコフスキーやベートーヴェンなど、いわゆる古典しか学ぶことができません。でもジュリアード音楽院ならば、もっと幅広い音楽にふれることができる。そして、マン先生のレッスンが受けられるのです。ジュリアードに留学したい――。強くそう思いました」(『私のヴァイオリン　前橋汀子回想録』前橋汀子)

このような経緯からジュリアード弦楽四重奏団のロバート・マン(1920年、ポートランド生まれ)に直談判に及ぶ。

「私は都心のホテルに滞在していたマン先生のもとを訪ね、ジュリアード音楽院へ留学したいという気持ちをつたない英語で伝えました。するとジュリアードの教授でもあったマン先生は、学長にかけあうことを約束してくれたのです」(前出『私のヴァイオリン　前橋汀子回想録』)

こうして、前橋のジュリアード音楽院への留学が決まった。入学や奨学金などもロバート・マンがサポートしてくれたという。そして、ニューヨークへ飛ぶ飛行機はロバート・マンの友人デビッド・ジョーンズ（１９１５年、フィリピン生まれ）が極東地域広報担当支配人を務めるパン・アメリカン航空だ。大相撲千秋楽に優勝力士に「ひょーしょーじょー」といいながら大きなカップを手渡していた名物おじさんだったが、覚えている方の方が少ないかも知れない。

こうしてニューヨークに降り立った前橋は、ロバート・マンのほかにもうひとり、日本のヴァイオリニストにとって重要な人物と出会う。

ドロシー・ディレイ（１９１７年、カンザス州生まれ）である――。

ドロシー・ディレイの冴えたやり方

ドロシー・ディレイ――この名前はみなさんもよく目にすると思う。何せ、彼女の弟子だけでレコード会社が作れるほどなのだから（スター演奏家が多すぎて「ヴァイオリンのマクドナルド」と揶揄する向きもあったらしい）。

列挙しますよ――イツァーク・パールマン（１９４５年、テルアビブ生まれ）、ナイジェル・

ケネディ（1956年、ブライトン生まれ）、ナージャ・サレルノ＝ソネンバーグ（1961年、ローマ生まれ）、ギル・シャハム（1971年、イリノイ州生まれ）、サラ・チャン、アン・アキコ・マイヤース。日本人ヴァイオリニストでも、原田幸一郎（1945年、福岡生まれ）、加藤知子、竹澤恭子、戸田弥生、五嶋みどり（1971年、枚方生まれ）、諏訪内晶子、川久《かわく》保《ぼ》賜紀《たまき》（1979年、ロサンゼルス生まれ）、佐藤俊介（1984年、東京生まれ）、神尾真由子――そして、短期間だが木嶋真優（1986年、神戸生まれ）も彼女のレッスンを受けている。

ドロシー・ディレイは、アウアー門下のコンスタンティン・モストラス（1886年、ロシア生まれ）に師事したイヴァン・ガラミアン（1903年、イラン生まれ）の高弟で、ジュリアード音楽院では彼のアシスタントを務めていたこともある。こうしたヒストリーを考えるとアウアー由来のロシア楽派と見ていいのだが、ニューヨークでは合理的なメソッドとレッスン方法でこうしたスター・ヴァイオリニストたちを次々に世に送り出していることを考えると、新しい流れを作ったという方が正しいかも知れない。

ただ、みんな同じボウイング（弓の運び）をするだの、どんな音にもヴィブラートをかけるところから〝トマトケチャップのようなヴィブラート〟（フレンチフライでも何でもケチャップをかけて食べるアメリカ人に喩えて）などと揶揄する向きもあった。これは〝クラシック音楽もエンタメのジャンルのひとつ〟と捉えるアメリカならではの合理的な育成法であるのだけれど、弟子たちの多くはそこから自分の演奏スタイルを確立している。

さて、ニューヨークでロバート・マンやドロシー・ディレイに師事した前橋汀子だが、「チャンスをつかむために行動する」というジュリアード音楽院の空気に感化され、レッスンの合間にオーディションを受けまくるような生活をしていた。その甲斐あって指揮者のレオポルド・ストコフスキー（１８８２年、ロンドン生まれ）との共演でカーネギー・ホールでデビュー（１９７０年）を飾ったりしたが、その空気感に馴染めずにいた。

そして、子供の頃憧れていたヨーゼフ・シゲティのレッスンを受けるためにスイスのモントルーに飛んだ。ヨーゼフ・シゲティが死後もモントレーにとどまり、今度はナタン・ミルシテインのレッスンを受けた。

そんな前橋が去る前後のニューヨークで、日本人留学生４人が伝説の弦楽四重奏団を結成した。

東京クワルテット（Tokyo String Quartet）である——。

東京クヮルテットと原田幸一郎

1969年（昭和44年）にジュリアード音楽院在学生で結成された東京クヮルテットは、ファースト・ヴァイオリンに原田幸一郎、セカンド・ヴァイオリンに名倉淑子《なくらよしこ》（1945年、新潟生まれ）、ヴィオラに磯村和英（1945年、愛知生まれ）、チェロに原田禎夫《さだお》（1944年、東京生まれ）という編成。全員が桐朋学園大学音楽学部を経てジュリアード音楽院に留学していた日本人音楽家である。

「ジュリアード・カルテットが来日して、日光で三週間くらい講習会をやったんですね。その時、出席しまして、それでえらく感激して。齋藤先生に相談したら、良いんじゃないかって」（季刊誌『Pygmalius』第8号／1985年1月1日発行）

こう語るのはファースト・ヴァイオリンの原田幸一郎だ。

「チェロの原田君と二人で、将来カルテットをやろうって決めて行ったんですけど、たまたまジュリアードに、セカンドとビオラの人がいて臨時でも良いからということで始めたんですが、コンクールとかいろいろうまくいきましてね。それで何となくずーっといるわけです」（前出の季刊誌『Pygmalius』）

と原田が語るように、１９７０年（昭和45年）、コールマン室内楽コンクールとミュンヘン国際音楽コンクール弦楽四重奏部門で1位になり、一躍世界的な注目を集めた。そして、名門ドイツ・グラモフォンとの契約に至る。

とびきりスキルの高いこのクァルテットはバルトーク《弦楽四重奏曲全集》をドイツ・グラモフォンで録音。世界的な評価を受ける。

ところが、１９８１年（昭和56年）、原田幸一郎がこのカルテットを脱退。ファースト・ヴァイオリンにピーター・ウンジャン（１９５５年、トロント生まれ）を迎え、ＲＣＡに移籍。それ以降、メンバー・チェンジを繰り返しながら、２０１３年（平成25年）に解散するまで、約44年間の活動を続けた。ヴィオラの磯村は唯一残るオリジナルメンバーとしてこのカルテットを支えた。バルトークの再録音やヤナーチェク、ベートーヴェン《弦楽四重奏曲全集》という古典の大作など、残した録音も高い評価を受けている。

1983年（昭和58年）に日本に帰ってきた原田幸一郎は、ピアノの野島稔（1945年、横須賀生まれ）、毛利伯郎《はくろう》（1950年、静岡生まれ）と東京ピアノ・トリオを結成するなど室内楽の活動を盛んに行う一方、指揮者としての活動もスタートした。

それより何より、名教師として弟子の名をあげた方が話は早い。

彼の門下生には、神谷美千子（1973年、名古屋生まれ）、庄司紗矢香（1983年、東京生まれ）、神尾真由子、前田妃奈《ひな》（2002年、大阪生まれ）らがいる。神谷は1997年（平成9年）のハノーファー国際ヴァイオリン・コンクールで1位、庄司は1999年（平成11年）のパガニーニ国際ヴァイオリン・コンクールで1位、神尾は2007年（平成19年）のチャイコフスキー国際コンクール・ヴァイオリン部門で1位と、彼女たちは主だった国際コンクールで次々と優勝をかっさらった。

私はある取材（某音楽大学大学院のレッスン）で原田のヴァイオリンの生音を間近で聴いたことがあるのだけれど、さらっと数小節弾いただけなのに「完璧な音楽」がそこに立ち上がった。この音を毎日のように聴くこと以上の贅沢なレッスンは（たぶん）ない。

ノヴォシビルスク派とチュマチェンコ門下

ドロシー・ディレイと原田幸一郎の話を書いたのだけれど、大きな流れを作ったヴァイオリンの名教師を、もう2人ほど紹介しなければならない。

まずは、ザハール・ブロン（1947年、カザフスタン生まれ）だ。

彼の主な門下生を（例によって）列挙しますよ――ヴァディム・レーピン（1971年、ロシアのノヴォシビルスク生まれ）、マキシム・ヴェンゲーロフ（1974年、ロシアのノヴォシビルスク生まれ）、エルジャン・クリバエフ（1986年、カザフスタン生まれ）、樫本大進（1979年、ロンドン生まれ）、庄司紗矢香、川久保賜紀、神尾真由子、木嶋真優。

ザハール・ブロンはオデーサの音楽院を皮切りに、グネーシン音楽大学でボリス・ゴールドシュタイン（1922年、オデーサ生まれ）、に、モスクワ音楽院でダヴィッド・オイストラフの息子イーゴリ・オイストラフ（1931年、オデーサ生まれ）にそれぞれ師事。モスクワでオイストラフの助手を務めた後、西シベリアのノヴォシビルスク音楽院に赴任。ここで、ヴァディム・レーピンとマキシム・ヴェンゲーロフを育てるわけだ。

こうしたヒストリーを見るとごりごりのロシア楽派のような印象を持つが、実はそうでもない。往年のロシア楽派のようなダイナミックなボウイング、ドロシー・ディレイ門下生に見られたヴィブラートの多用がない。神尾真由子も木嶋真優も、ドロシー・ディレイとザハール・ブロン両者のレッスンを受けていることを考えると、もはやモスクワだの、レニングラードだの、ニューヨークだの、トウサイだのというより、21世紀の今日、より洗練されたヴァイオリン奏法へ進化しているプロセスにあるように見える。

その中心は、どうやら西ヨーロッパに戻ってきている。

ザハール・ブロンは、ケルン音楽院やチューリッヒ音楽院で教えていて、もうひとりのキーパーソン、アナ・チュマチェンコ（１９４５年、イタリアのパドヴァ生まれ）も長い間ミュンヘン音楽大学で教壇に立っていた。

アナ・チュマチェンコの両親はウクライナ人。イタリアで生まれ幼少期にアルゼンチンへ移住。アウアー門下の父親からヴァイオリンの手ほどきを受け、再びヨーロッパに戻ってシャーンドル・ヴェーグ（１９１２年、ルーマニア生まれ）、ヨーゼフ・シゲティ、ユーディ・メニューイン（１９１６年、ニューヨーク生まれ）に師事した。１９６３年（昭和38年）のカール・フレッシュ国際ヴァイオリン・コンクールで１位、１９７１年（昭和46年）のエリザベート王妃国際音楽コンクールで４位になった。１９７２年（昭和47年）にはミュンヘン弦楽トリオを結成。１９７８年（昭和53年）に、ロンドンのメニューイン国際音楽アカデミーの客員教授に招かれて以降、教育者としての才能を開花させた。

「生徒は、演奏家としてではなく、まず人間として育てたい」（２０１３年３月13日付朝日新聞）というのが彼女のモットーだ。

「勝つこと、優勝することは、芸術家の人生においては実に小さなこと」（前出の朝日新聞）とコンクールについても慎重な姿勢を示す。これには、

「アナ、君は誰のコピーでもない。言う通りにしなくていい。自分の道を行きなさい」（前出の朝日新聞）という師匠シャーンドル・ヴェーグの言葉が彼女の指針になっている。

彼女の門下生には、ヴェロニカ・エーベルレ（１９８８年、ミュンヘン生まれ）、リサ・バティアシュヴィリ（１９７９年、ジョージア生まれ）、玉井菜採《なつみ》（１９７２年、京都生まれ）、アラベラ・美歩・シュタインバッハー（１９８１年、ミュンヘン生まれ）がいる。

今や世界でもっとも注目されているヴァイオリン教師だ――。

ピリオド楽器のトレンドと原典版回帰

次世代の〝ヴァイオリン女王〟と目されているジャニーヌ・ヤンセン（1978年、オランダ生まれ）は、ケルンでも、ミュンヘンでも、チューリッヒでもない、ユトレヒト音楽院でフィリップ・ヒルシュホルン（1946年、ラトビア生まれ）やボリス・ベルキン（1948年、ロシア生まれ）に師事した。

1970年代あたりからピリオド楽器（古楽器）のトレンドがやってきて、スコアも原典版回帰の流れ（ノイエザッハリヒカイトと呼ばれる新即物主義の影響～ショパンのスコアをめぐってポーランドでもエキエル版を推奨する国家プロジェクト等）ができたり、2018年（平成30年）には「ショパン国際ピリオド楽器コンクール」がスタート。

このトレンドは、客ウケがいいようにスコアを変える、あるいはカットする、レコードをたくさん売るために（またはお客をたくさん呼ぶために）前時代的なヴィルトゥオージティ（名人芸）をひけらかす、つまりは「クラシック音楽のホールをまるっとサーカスのテントに変えてしまうような」音楽家に対するアンチ・テーゼである。我々にスコアを残してくれた偉大なる作曲家たちに対するリスペクト、そして感謝の念である。

こうした〝ピリオド楽器回帰〟というトレンドの中心地オランダに生まれたジャニーヌ・ヤンセンが、ヴィブラートを多用しない、清廉な音でシンプルに歌う演奏法をしているのもこの〝ピリオド楽器回帰〟の影響を受けているからだ。

そんなピリオド楽器のトレンドを牽引してきたオランダの指揮者・演奏家たち——グスタフ・レオンハルト（1928年、オランダ生まれ）、トン・コープマン（1944年、オランダ生まれ）、フランス・ブリュッヘン（1934年、アムステルダム生まれ）らの影響を受けた日本人演奏家がいる。フルート奏者の有田正広（1949年、東京生まれ）と鈴木雅明（1954年、神戸生まれ）である。

その鈴木雅明率いる世界的なピリオド楽器アンサンブルの話は、第6章で触れることにする。

ヴァイオリニストから少し離れてしまったので、次の章は名器の話をしよう。

まえがきでも触れた小林秀雄の言葉、

「ヴァイオリニストというのは、要するに、この二つの楽器が本来もっている音を、どうやって完全に弾き出すかという仕事をする人のことをいうんです」（前出の『ヴァイオリンと翔る』)

で語られている「この二つの楽器」、すなわち、ストラディヴァリウスとグァルネリ・デル・ジェスの話だ。

第5章

ストラディヴァリウスか、グァルネリ・デル・ジェスか

数奇な運命のストラディヴァリウス

話を終戦直後に戻す。

ドイツから焼け野原の日本に戻って来た諏訪根自子は1946年（昭和21年）、帰朝記念演奏会を開いた。その際、日本にいた外国人ピアニストに伴奏を依頼した。その時の返答がこうだ。

「ナチス・ドイツから贈られたストラディヴァリウスで演奏するなら伴奏は絶対に御免だ。不純なナチの贈り物をポーランドに返還したならば、その時は相談に乗ろう」（『諏訪根自子　美貌のヴァイオリニスト　その劇的生涯』萩谷由喜子）

このような議論は終生、彼女にまとわりついた。それから、同じ船で帰国したばっかりに、近衛秀麿との仲を邪推するマスコミもあったという。

時を経て、彼女の師匠である小野アンナがソ連に帰ることになった。1960年（昭和35年）のことだ。

神田・共立講堂で開かれた「小野アンナ女史をおくるヴァイオリン演奏会」には同門の巌本真理、潮田益子、前橋汀子らとともに舞台に立った。

ちなみに、潮田益子は1690年製のストラディヴァリウスをのちに手にすることになり、前橋汀子はストラディヴァリウスとグァルネリ・デル・ジェスを1本ずつ所有していたところで、2003年（平成15年）にロンドンの楽器商が持っていた1736年製のグァルネリ・デル・ジェスに惚れ込み、所有の2本と惚れ込んだグァルネリとトレード（物々交換）した。

諏訪根自子はストラディヴァリウスを手にしたまま長い間、演奏活動から離れていた。ヨーロッパ留学中に世話になった声楽家の田中路子からは「後進演奏家のためにストラディヴァリウスを彼らに貸してはどうか」という提案もあったが、首を縦に振らなかった。

そして、1981年（昭和56年）、バッハ《無伴奏ヴァイオリンのためのソナタとパルティータ全曲》をリリース。晩年になって録音した3枚組の渾身のLPは、高い評価を得た。

さて、ゲッベルスから贈られた1722年製ストラディヴァリウスだが、ゲッベルスがシレジアの楽器商から購入したという説、ナチスが略奪した楽器だという説、アントニオ・ストラディヴァリの次男オモボノの作かも知れないという説など情報は錯綜する。

そして、萩谷由喜子の『諏訪根自子　美貌のヴァイオリニスト　その劇的生涯』のあとがきには驚くべき記述がある。諏訪根自子の妹の諏訪晶子（ヴァイオリニスト、国立音楽大学名誉教授）が衝撃のエピソードを語っているのだ。

「あのヴァイオリンは、贋物でした。ただ、それがわかったのはつい近年のことで、姉はそれを知らずに、ストラディヴァリウスと信じたまま、亡くなりました。私も試奏してみたことがありますが、私には弾きにくい楽器です。でも姉は、私だから弾きこなせるのよ、と言って、終生、強い愛着を抱いていました。どんな楽器を弾こうとも、ヴァイオリニストには皆、その人の音、というものがあります。あの楽器で奏でられたのは、諏訪根自子の音だったんです」

萩谷は同書のあとがきを、こんなふうに締めている。

「諏訪根自子が一九四三年のベルリンで贈呈され、戦火の中、ドレスもハイヒールも投げ捨ててそれだけを胸に抱きしめて死守し、それをもってバッハの録音を達成した彼女の半身は、ゲッベルスがユダヤ人から略奪した『Antonius Stradivarius Cremonensis faciebat Anno 1722』であろうが、彼がシレジアの楽器商から正規に購入した真正のストラディヴァリウスであろうが、はたまた、真っ赤な贋物であろうが、そんなことはどうでもよいことだ。

彼女のヴァイオリンは、永遠に『諏訪根自子のストラディヴァリウス』なのだから……」

タングルウッドの奇跡

1986年（昭和61年）には、14歳の日本人の少女が数分の間にストラディヴァリウスとグァダニーニを弾いて大喝采を浴びた。それが、ありえないアクシデントだったにもかかわらず、だ。

ボストン郊外、タングルウッド音楽祭での出来事だ――。

レナード・バーンスタイン（1918年、マサチューセッツ州生まれ）指揮、ボストン交響楽団。曲はバーンスタイン《ヴァイオリン独奏、弦楽、ハープと打楽器のためのセレナード》。第5楽章に入った時、ソリストである五嶋みどりのヴァイオリンのE線が切れた。

五嶋はコンサート・マスター（1プル表にいる）のマルコム・ロウ（１９５３年、カナダ生まれ）の方を振り向く。ロウは手にしたストラディヴァリウスを彼女に渡し、自らは副コンサート・マスター（1プル裏にいる）だったマックス・ホバート（ネブラスカ州生まれ）からグァダニーニを受け取った。

しばらくして、今度はストラディヴァリウスのE線が切れた。五嶋は慌てる様子もなくコンサート・マスターのマルコム・ロウからグァダニーニを受け取り、演奏を続けた。

そして、無事に演奏を終えると、観客はスタンディング・オーヴェーション&大喝采。バーンスタインはのちに、「あの子は宇宙から来た天才だ」と語り、翌日のニューヨーク・タイムスは「GIRL, 14, CONQUERS TANGLEWOOD WITH 3 VIOLINS」（14歳の少女、タングルウッドを3つのヴァイオリンで席巻）という見出しの大きな記事を載せた。のちに教科書にも掲載された「タングルウッドの奇跡」と呼ばれるエピソードだ。

ヴァイオリニストが弦を切るアクシデントはたまにある。もっとも細いE線ならなおさらだ。けれど、2回続くことはなかなかない。

そして、それが、4分の3スケールのひとまわり小さなヴァイオリンを弾いていた14歳の日本人の少女で、コンサート・マスターから手渡されたのは慣れてはいないフルサイズのストラディヴァリウス（肩当てもない）だったのだ。しばらくして、またコンサート・マスターから手渡されたのは、弾いたこともないフルサイズのグァダニーニ（肩当てもない）だったのだ。そのいずれのヴァイオリンもきちんと弾いて曲を終えた。

この時、五嶋みどりはジュリアード音楽院プレカレッジに通っていて、ドロシー・ディレイに師事していた。が、ほどなく学校は辞め、早々にプロの演奏家としてのキャリアをスタートさせる。

１９８２年（昭和57年）の大晦日には、11歳でズービン・メータ（１９３６年、インドのムンバイ生まれ）＆ニューヨーク・フィルハーモニック（New York Philharmonic）の演奏会にサプライズ・ゲストとして出演。ニューヨーク・デビューを飾っていたが、この「タングルウッドの奇跡」でアメリカでスター・ヴァイオリニストの座に駆け上がった。

ソニー・クラシカルやワーナー・クラシックスから海外でリリースされる彼女のアルバムのアーティスト表記は、「ＭＩＤＯＲＩ」。もはや「世界のＭＩＤＯＲＩ」といった方が適切かも知れない。

彼女のように世界的に有名になったヴァイオリニストはほかにもいる。

次は、塩川悠子（１９４６年、東京生まれ）の話だ。

東欧で愛されたヴァイオリニスト

東京で生まれた塩川悠子は、１９５７年（昭和32年）に家族でペルーのリマに渡る。当地で演奏会デビューも果たしていたが、１９６１年（昭和36年）、ドイツに渡ってヴィルヘルム・シュトロス（１９０７年、ドイツ生まれ）とシャーンドル・ヴェーグに師事（アナ・チュマチェンコもヴェーグ門下）。

以降、ヨーロッパを拠点に活動を行っていて、ベルリン・フォルハーモニー管弦楽団やイスラエル・フィルハーモニー管弦楽団（Israel Philharmonic Orchestra）と共演するほか、１９６７年（昭和42年）には指揮者のラファエル・クーベリック（１９１４年、チェコ生まれ）から１７１５年製ストラディヴァリウス「エンペラー」（ラファエルの父ヤン・クーベリックの愛器だった）を貸与され、２０００年（平成12年）まで使用していた。同年には、ユーディ・メニューインが使用していた「G.B.GRANCINO」を購入。

１９８７年（昭和62年）、オーストリアで塩川とピアニストのアンドラーシュ・シフ（１９

53年、ブダペスト生まれ）は結婚し、クーベリックはその際の立会人も務めている。

塩川は夫のアンドラーシュ・シフとのモーツァルト《ヴァイオリン・ソナタ第35番》、バルトーク《ヴァイオリン・ソナタ第1番》やヤナーチェク《ヴァイオリン・ソナタ》といったタイトルのほか、チェロのボリス・ペルガメンシコフ（1948年、サンクトペテルブルグ生まれ）を加えたハイドン《ピアノ三重奏曲》などをDECCA等に録音している。

また、シフが音楽監督を務めるモント湖音楽週間、ザルツブルク音楽祭、ルツェルン音楽祭、ロッケンハウス音楽祭、マールボロ音楽祭などに出演。夫のシフとのデュオも多い。

スター演奏家として十分なセレブリティを手に入れたわけではない。けれど、彼女はなんとも羨ましい音楽家人生を歩んでいる。

塩川と同じように東欧エリアの人々に愛されたヴァイオリニストに石川静や天満敦子（1955年、東京生まれ）がいる。

天満は東京藝術大学在学中の1974年（昭和49年）に日本音楽コンクールで1位になり、1975年（昭和50年）にはロン＝ティボー国際コンクールで入賞した。1992年（平成4年）に文化使節で訪れたルーマニアで評価され、ルーマニアに縁のある作曲家チプリアン・ポルムベスク（1853年、ウクライナ生まれ）の遺作『望郷のバラード』を日本でヒットさせた。ルーマニアを舞台にした高樹のぶ子の小説『百年の預言』の主人公のヴァイオリニストは天満がモデルになっているといわれている。彼女の愛器もストラディヴァリウスである。

石川静は鈴木鎮一、鷲見三郎に師事し、東京藝術大学の客員教授だったマリエ・ホロニョヴァ（生年不詳）に誘われて弱冠15歳でチェコのプラハ音楽院に留学。この辺りのことを、東京藝術大学を卒業したばかりでホロニョヴァのレッスンを受けていた鶴我裕子がこう語ってる。

「先生は、オイストラフの恋人だったんだもんね。きれいな、かわいい、かしこい、わがままな先生。それからすぐ、チェコに動乱が起こり、先生は帰国した。私はまだ、メソッドの一部しか教わっていなかったが、格段の進歩をしたので、中断はつらかった。先生について行った石川静さんは、今や大バイオリニストである」（『バイオリニストは目が赤い』鶴我裕子）

石川静は１９７２年（昭和47年）のヴィエニアフスキ国際ヴァイオリン・コンクールで２

位、1973年（昭和48年）には、ヨゼフ・スーク（1929年、プラハ生まれ）の代役としてチェコ・フィルハーモニー管弦楽団（Czech Philharmonic）の定期演奏会でセンセーショナルなデビューを飾る。1976年（昭和51年）にはエリザベート王妃国際音楽コンクールで5位に入り、1997年（平成9年）からは「クーベリック・トリオ」に参加するなど室内楽の活動も盛んに行っている。

現在もヨーロッパで演奏活動を続けている。彼女もまた十分なセレブリティを手に入れたわけではないが、今や〝弦の国チェコ〟を代表するヴァイオリニストのひとりになった。

そしてもうひとり、1980年（昭和55年）、日本人として初めてエリザベート王妃国際音楽コンクールで1位になった堀米ゆず子は、コンクール優勝を機にベルギーのブリュッセルに拠点を置いて音楽活動を展開している。

2012年（平成24年）に愛器グァルネリ・デル・ジェスをトランジットで寄ったフランクフルト国際空港で押収されてしまい、ひと悶着あった（無事返還された）という事件を覚えている方も多いと思う。

ブリュッセル王立音楽院で教え、日本に帰ってきて演奏旅行を行い、エリザベート王妃国際音楽コンクールなどコンクールの審査員もこなす。彼女は江藤俊哉門下で、子供のための音楽教室、桐朋女子高校音楽科、桐朋学園大学音楽学部卒業なので、生粋の〝仙川育ち〟である。これは音楽家にとって帰るべき場所のようなもので、師がいて仲間がいて、迎えてくれる場所があるということだ。

仙川とブリュッセル、堀米ゆず子の場合はそれが2つある。

しかし、同じ江藤俊哉門下なのにそれを持たないヴァイオリニストがいる。そして、それを持たないがために、遠回りを強いられた元・天才少女がいた。

千住真理子である――。

千住真理子の受難

たとえば、関西を代表するヴァイオリニストの辻久子は、西宮市の自宅を売却して1703年製のストラディヴァリウス「ディクソン・ポインター」を手に入れた。大阪のデパートの特設展に展示されていたこの名器を試奏してみて、虜になったのだ。出会ってしまったものは仕方がない。ヴァイオリンとの出会いは恋に落ちるのに似ている。

千住真理子も1716年製のストラディヴァリウス「デュランティ」と出会ってしまった。

恋に落ちたのだ。

「二〇〇二年初夏、一本の電話がすべてを変えたことになります。それはスイスからでした。

『今、目の前に、すごいストラディヴァリウスがある』

電話はそんな言葉から始まりました。電話の主はいわゆる楽器ディーラーで、その道のプロ中のプロです。そんな目利きが『自分は何十台とすばらしいストラディヴァリウスを見てきたが、目の前にあるこれは、今まで見てきたどんな名器より驚愕する』と、大変興奮した口調で話すのです。凄ければ凄いほど、私には無理だ、資産もないし当てもないし、パトロンのような存在だってない。今さら家族を巻き込みたくないし、この期に及んでまたまた苦労はしたくない、そう思って腰が引けました。

（中略）

しかしストラディヴァリウスと対面した瞬間、すべてが一変しました。『私はこの楽器に出会うために生まれてきたんだ』とさえ思ったのです。

小さい頃から探し続けていたイメージの中にある理想の音色、いやむしろそれをはるかに越えて、イメージし得なかった幻の音色、この音色に導かれたい、この楽器にわが人生を捧げたい、そう強く祈るような気持ちを抱きました」（『ヴァイオリニスト　20の哲学』千住真理子）

こうして千住は家族を巻き込んで金策に取りかかるが、うまくいかない。兄の千住明（1960年、東京生まれ）が母親・千住文子にあてた電話はその状況を示す内容だ。

「世の中は冷たいよ。それに真理子は、音楽大学を卒業しているわけではないから、どこの閥にも属していない。そのせいで、なかなか困難極まる状況だよ」（『千住家にストラディヴァリウスが来た日』千住文子）

これすなわち、堀米ゆず子にとっての仙川とブリュッセルが、千住真理子にはないということだ。

それでも家族中で東奔西走した甲斐あって、この名器は彼女の手に収まった。彼女にチャンスがあったのは、「博物館などではなく実際に演奏してくれる人に譲りたい」というスイスの富豪（所有者）のエクスキューズがあったからだ。

「デュランティとの出会いで、私はまた0からの出発点にたった。今まで演奏してきた全ての音楽は無いのに等しい。これからが私の本当の音楽人生なのかも知れない」（CD『愛の夢』のライナーノーツより）

この言葉はあながち大袈裟なものではなく、あまり美声とはいえなかった千住真理子の音色に数億円とも噂されるストラディヴァリウス「デュランティ」は艶と深みを与えた。

ここで読者のみなさんも疑問に感じていることがあるかも知れない。買えないなら、どこかの財団から借りればいいのに、と――。

今や、有望な若手演奏家の多くが財団などからストラディヴァリウスなど高価な楽器を貸与されている。でも千住真理子はそれをしなかった。それは、師匠・江藤俊哉からのこんな言葉があったからである。

「他人に借りてはいけませんよ。一人前のプロとして、人前で演奏するのであれば、たとえどんな楽器であっても、他人に借りるのではなく、自分の楽器で弾きなさい。真理子はソリストでしょ?」(『千住家にストラディヴァリウスが来た日』千住文子)

江藤俊哉自身も、愛器1730年製グァルネリ・デル・ジェス「マリオ・コルチ」を自ら購入した経緯がある。

しかし、同じ江藤の門下で世界に羽ばたくヴァイオリニスト諏訪内晶子は、江藤俊哉や千住真理子とは違う道をチョイスした。

諏訪内晶子の選択

諏訪内晶子の著書『ヴァイオリンと翔る』にはこんな記述がある。

「チャイコフスキー・コンクールの前まで、私はグァダニーニのヴァイオリンを使っていた。一七〇〇年代後期にイタリアで製作された作品で、それなりに良い楽器だったと思う。

当時の私には、幼いながら理想とする音と表現があって、何とかそのイメージを現実の演奏で表現したいと必死になっていた。特に、初めて国際舞台に挑戦したパガニーニ・コンクールの前後一年余りは、その思いに明け暮れていたと言ってもいいだろう。しかし、夢のかなう日は遥か遠いように思われた。

一九九〇年の春、私はアントニオ・ストラディヴァリの作ったヴァイオリンと出会った。製作年は一六九〇年、巨匠が壮年期の作品である。そこで私は初めて、グァダニーニでは自らの想いを達成することは、これからも難しいと気づいたのである」

そしてこう続ける。

「ストラディヴァリウスという楽器のもつ音楽の表現力は、当時の私の表現能力をはるかに超えていた。

『この曲を、このように弾こう』と思って、或る日、楽器を手に取る。

すると、そのストラディヴァリウスが奏でる『音楽』の中で、楽器は、『この曲には、もっと違った解釈の仕方がある。こんな音も出すことが出来る。もっと大きな表現の可能性だって考えられる』

と、語りかけてくる。

私自身は必死に楽器の語りかけについていく。私が音色をイメージする前に、楽器が様々な色彩を奏でるからである。

練習の時間が、楽器との対話の時間になり、作品に内在する音楽的内容を再発見する貴重な瞬間となる。このような経験は、ストラディヴァリウスに出会うまで、想像したこともなかった。

楽器を替えるというと、より美しく、大きな音を求めて、と理解される方が多い。正直なところ、ストラディヴァリウスを持つまでの私も、そのような考え方に近かったように思う」


こうして諏訪内晶子は、くだんのストラディヴァリウスで１９９０年（平成２年）のチャイコフスキー国際コンクールのヴァイオリン部門で１位になった。

そして、２０００年（平成12年）には日本音楽財団より１７１４年製ストラディヴァリウス「ドルフィン」の貸与を受けた。これはヤッシャ・ハイフェッツが使用していた名器である（貸与期間は20年）。

さらには、そのストラディヴァリウスの貸与期間が終了するタイミングの２０２０年（令和２年）には、アメリカ・ワシントンＤＣの「The Ryuji Ueno Foundation」（Dr.リュウジ・ウエノ）より１７３２年製グァルネリ・デル・ジェス「チャールズ・リード」の貸与（長期）を受けている。

「前の楽器はキラキラと張り詰めていて、少し神経質な音だった。今は芳醇な人間らしい音。現在の楽器の方が自分に近い」（日本経済新聞電子版／２０２２年１月４日）

どんな音なのかは、このグァルネリ・デル・ジェスで録音されたバッハ《無伴奏ヴァイオリンのためのソナタとパルティータ》を聴いてみるといいかも知れない。

また、こんなことをいうヴァイオリニストもいる。

「きれいな音、美しい音というのは、誰もが望むことだと思いますが、私はただ繊細な美しい、きれいなレースのような感じだけの音は好きではなく、どちらかというと『太

く』て『豊か』で『温かみ』のある音が好きなのです」（『ヴァイオリニスト　今日も走る！』大谷康子）

1708年製のピエトロ・グァルネリを愛用する大谷康子である。

大学院生の時、自分の楽器を探し始めていた彼女が「これこそ私の好きなタイプ！」とビビッときたのがこのピエトロ・グァルネリだったという。まさに相思相愛なのだ。

そうはいうものの、大谷はデビュー40周年の年（2015年）には日本音楽財団から1709年製ストラディヴァリウス「エングルマン」の貸与を受けていたのだから、女心とヴァイオリニストの心は難解である。

それはそうと、諏訪内晶子や大谷康子に、おそらくは数千万円から数億円はする高価な楽器を貸与する日本音楽財団とは何なのか――。

音楽財団という「あしながおじさん」

たとえば、ルネッサンス期（14世紀～16世紀）には、イタリアの大富豪メディチ家の人々は自分たちの肖像画を描かせるなどして画家や彫刻家を庇護していた。

また、19世紀のパリにはサロンがあって、アーティストとパトロン（patron）の交流の場として機能していた。あるいはオペラハウスのバルコニー。オペラグラスで歌姫（ヴァイオリンのE線で奏でられる高音の旋律は、さながら歌姫たちの渾身のアリアの代わりだという説もある）を眺める貴族たちは彼女たちを援助した。

では、日本ではどうなのか――。

本書でも触れたが、鈴木鎮一を庇護した徳川義親侯爵、諏訪根自子の留学費用を援助した大倉喜七郎男爵などがそうだ。阪急東宝グループの創設者・小林一三も大きな意味で文化芸術を育て、その土壌を作った名士である。

現在でも、日本音楽財団、サントリー音楽財団、ＮＰＯ法人イエロー・エンジェル、ＩＴＯＨ財団、山田音楽財団、株式会社クリスコ、株式会社日本ヴァイオリンといった財団や企業や地方自治体が、ストラディヴァリウスやグァルネリ・デル・ジェスを所有していて、お眼鏡にかなった演奏家や若手演奏家に一定期間貸与している。大学などの教育機関、楽器店、個人でも同様に高額な楽器を所有・貸与するケースもある。

では、２０２３年10月現在の楽器の貸与先を列挙しますよ。

日本音楽財団は、外村理紗《ほかむらりさ》（2001年、東京生まれ）に1715年製ストラディヴァリウス「ヨアヒム」、吉田南（1998年、奈良生まれ）に1716年製ストラディヴァリウス「ブース」、金川真弓《かながわまゆみ》（1994年、ドイツ生まれ）に1725年製ストラディヴァリウス「ウィルヘルミ」、吉本梨乃（2003年、神戸生まれ）に1736年製ストラディヴァリウス「ムンツ」、竹内鴻史郎《こうしろう》（2005年生まれ）に1736年製グァルネリ・デル・ジェス「ムンツ」を貸与している。将来性のある若手中心だ。

サントリー音楽財団は、米元響子（1984年、東京生まれ）に1727年製ストラディヴァリウス、田原綾子（1994年、神奈川生まれ）に1728年製パオロ・アントニオ・テストーレ（ヴィオラ）を貸与している。

ITOH財団は、渡邊紗蘭（2005年、兵庫生まれ）に1779年製グァダニーニ「トリノ」、中野りな（2004年、東京生まれ）に1716年製ストラディヴァリウス「クレモナ」、河井勇人（2002年、東京生まれ）に1702年製ストラディヴァリウス「ライアル」、北川千紗（1997年、愛知生まれ）に1721年製ピエトロ・グァルネリを貸与。

こうした若手演奏家たちが手にしている名器は、かつてはビッグネームが貸与を受けていた。たとえば日本音楽財団だと、五嶋龍（1988年、ニューヨーク生まれ）、原田幸一郎、原田禎夫、安永徹、堀米ゆず子、神尾真由子、樫本大進、川井郁子（1968年、高松生まれ）、川久保賜紀、木嶋真優、前田妃奈、南紫音（1989年、福岡生まれ）、三浦文彰（1993年、東京生まれ）、大谷康子、佐藤俊介、庄司紗矢香、諏訪内晶子、竹澤恭子、渡辺玲子、山根一仁（1995年、札幌生まれ）が楽器の貸与を受けていた。

日本音楽財団は世界に6組しか存在しないストラディヴァリウスの弦楽四重奏セットのひとつ「パガニーニ・クァルテット」を所有していて、かつては東京クヮルテットがその貸与を受けていた（現在の貸与先は、ゴルトムント・クァルテットである）。

ただ、どんなにその楽器を気に入ったとしても、一定期間をすぎると返却しなければならない。次世代の若手演奏家を育成するためだ。そこで、また別の「あしながおじさん」が登場するのだ。

カレーハウスCoCo壱番屋の創業者・宗次徳二（1948年、石川生まれ）は私財を投じ2007年（平成19年）、名古屋市内に宗次ホールをオープンさせたほか、NPO法人イエロー・エンジェルを設立し約30アイテムからなる宗次コレクションから楽器を貸与している。たとえば、三浦文彰に1704年製ストラディヴァリウス「ヴィオッティ」、神尾真由子に1731年製ストラディヴァリウス「ルビノフ」、チェリストの宮田大に貸与していた17

10年製マッテオ・ゴフリラーをチェリストの新倉瞳（1985年、東京生まれ）に貸与している。現在は貸与期間を終えている楽器もある。

また、樫本大進は1744年製グァルネリ・デル・ジェス「ド・ベリオ」、三浦文彰は1732年製グァルネリ・デル・ジェス「カストン」を、株式会社クリスコ（志村晶代表取締役）から貸与されている。宮田大は1698年製ストラディヴァリウスを上野製薬株式会社より貸与されている。

このほか、東京藝術大学で教授を務める玉井菜採は同校から1717年製ストラディヴァリウス「エクス・パーク」、川井郁子はやはり教授を務める大阪芸術大学から1715年製ストラディヴァリウスを貸与されるなど、教育機関が楽器を貸与するケースも多い。地方自治体が主催する「ぎふ弦楽器貸与プロジェクトSTROAN」（岐阜市サラマンカホール）や「準・メルクル弦楽器貸与プロジェクト」（水戸芸術館）などコンサートホール主催のものもある。

東京藝術大学在学中の2017年（平成29年）にバルトーク国際ヴァイオリンコンクールで2位に入った高木凜々子（1996年、東京生まれ）は、黒澤楽器店から1702年製ストラディヴァリウス「ロード・ボーヴィック」を貸与されている。

第6章

就職先はオーケストラ
――弦楽器奏者たちの選択

ベルリン・フィルを率いる——安永徹と樫本大進

　1702年製ストラディヴァリウス「ロード・ボーヴィック」を手にした髙木凜々子は、2023年（令和5年）4月、パシフィックフィルハーモニア東京（旧東京ニューシティー管弦楽団）の特別ソロ・コンサートマスターに就任した。ソリストの道を歩むのと並行して、コンマスになるヴァイオリニストもけっこういる。

　かつて、東京藝術大学の大学院生だった大谷康子が1981年（昭和56年）に東京シティ・フィルハーモニック管弦楽団のコンサートマスターになった（師事していた海野義雄《うんのよしお》の勧めによる）例もあるが、若くしていきなりコンサートマスターになるケースは滅多にない（大谷はその後、東京交響楽団のソロ・コンサートマスターにも就任している）。

　そもそも、オーケストラを相手にコンチェルトを演奏するソリストになる人はほんの限られた人だけれど、同じくらいの力量を持つヴァイオリニストじゃないとコンサートマスターは務まらない。実際、オケの内部からコンマスに昇り詰める例はあまり多くはなく、外部でソロ活動（室内楽も含む）を展開しているヴァイオリニストを起用するケースが多い。

　それでも、音楽大学（または大学院）を卒業（または修了）した後、オーケストラに入ってヴァイオリンを弾くことができればかなり優秀なヴァイオリニストである。

そして、入団したオーケストラがベルリン・フィルハーモニー管弦楽団で、そのまま第1コンサートマスターに就任したヴァイオリニストがいる。

安永徹である――。

江藤俊哉に師事した後、1970年（昭和45年）に桐朋学園大学音楽学部に入学した安永は、翌1971年（昭和46年）に日本音楽コンクール1位を取り、卒業後の1975年（昭和50年）にはベルリン芸術大学に入ってミシェル・シュヴァルベ（1919年、ポーランド生まれ）に師事。卒業後は、1977年（昭和52年）にベルリン・フィルハーモニー管弦楽団にファースト・ヴァイオリン奏者として入団。

そして、1983年（昭和58年）には第1コンサートマスターに就任する。ポイントは、師事したミシェル・シュヴァルベもかつてはヘルベルト・フォン・カラヤン（1908年、ザルツブルク生まれ）に招かれてベルリン・フィルハーモニー管弦楽団の第1コンサートマスターの座に着いたことだ。つまり彼は自分の後継者となるべきヴァイオリニストを育てたということだ。

楽団員はウィーンまたはその近郊出身者限定という縛りがあるウィーン・フィルハーモニ

ー管弦楽団（Vienna Philharmonic Orchestra）とは違い、ベルリン・フィルハーモニー管弦楽団は世界中の猛者が集まるオールスターチーム。そんなチームの百戦錬磨の演奏者を束ねるには、相当な力量と人間力が必要なはずだ。

安永がベルリン・フィルでがしがし弾いていたその頃（1979年）、彼の衣鉢《いはつ》を継ぐ男児がロンドンで生まれている。樫本大進である。

父親の仕事の関係でロンドンで生まれ、3歳でヴァイオリンを始めた樫本は、ニューヨークに移ってジュリアード音楽院のプレカレッジでドロシー・ディレイの助手だった田中直子（1950年、東京生まれ）に師事。1990年（平成2年）にはザハール・ブロンに招かれドイツに移る。ギムナジウムを経てリューベック音楽院に入学。

この間にも、ユーディ・メニューイン国際コンクール・ジュニア部門（1993年）を皮切りに、ケルン国際ヴァイオリン・コンクール（1994年）、フリッツ・クライスラー国際コンクール（1996年）、ロン＝ティボー国際音楽コンクール（1996年）とすべて1位を獲得。

1999年（平成11年）からは、フライブルク音楽大学でライナー・クスマウル（1946年、ドイツのマンハイム生まれ）に師事。ソニー・クラシカルと契約してCDデビューも果たす。押しも押されぬヴァイオリン・スターの道を歩むかと思われたが、このライナー・クスマウルに出会ったことがポイントとなった。なぜならば、ライナー・クスマウルはベルリン・フィルハーモニー管弦楽団のコンサートマスターだったからだ。

2010年（平成22年）、樫本は31歳という若さでベルリン・フィルハーモニー管弦楽団の第1コンサートマスターの座に着いた。

日本でも名物コンサートマスターはけっこういる。

徳永二男《つぎお》（1946年、横須賀生まれ）、堀正文（1949年、富山生まれ）、古澤巌《ふるさわいわお》（1959年、茅ケ崎生まれ）、篠崎史紀《しのざきふみのり》（1963年、北九州市生まれ）、豊嶋泰嗣、矢部達哉（1968年、東京生まれ）らである。徳永は東京交響楽団→NHK交響楽団、堀はダルムシュタット国立歌劇場管弦楽団→NHK交響楽団、篠崎は群馬交響楽団→読売日本交響楽団→NHK交響楽団、豊嶋は新日本フィルハーモニー交響楽団（のちに九州交響楽団も兼任）、矢部は東京都交響楽団（のちにジャパン・チェンバー・オーケストラを兼任）のコンサートマスターを務めた（または務めている）。古澤は東京都交響楽団のソロ・コンサートマスターを経て、雅楽の東儀秀樹（1959年、東京生まれ）と共演したり、TVのCMに出演するなどマルチな活動を展開している。

ほかにも、西村尚也（1985年、名古屋生まれ）がマインツ州立フィルハーモニー管弦楽団（Mainz Philharmonic State Orchestra）の第1コンサートマスター、青木尚佳（1992年、東京生まれ）がミュンヘン・フィルハーモニー管弦楽団（Müünchner Philharmoniker）のコンサートマスターに就任している。

岡田伸夫の弟子たち

ある寒い冬の日。某音楽大学・大学院の取材で知り合った弦楽器奏者のKくんに大学院の修了演奏会後、進路について訊いてみたら、

「オケのオーディション受けまくる感じですね。あとトラでのったりとか」

という答えが返ってきた。プロのオーケストラの演奏会で、「おり番」（その演奏者はその日は休み）の代わりにそのパートに入るエキストラのことを「トラでのる」（出番、またはの り番）という。

友人のタンゴ・ヴァイオリニスト、会田桃子は桐朋学園大学音楽学部在学中から、よく新日本フィルハーモニー管弦楽団のエキストラをしていたという。

「常《じょう》トラって言って今は存在するか分かりませんが、当時は団員さん大変なので結構トラも多くて、私は団員よりたくさん乗ってると言われてました」

そのままオーケストラに入団することも考えたのか訊いてみたら、

「オケ大好きでしたが、タンゴやほかジャンルが増えてきてしまって自然とその選択肢消えました」

という答えが返ってきた。

音楽大学（または大学院）を出たばかりの若者の前途は、なかなか多難である。オーケストラの団員は、一般企業のように毎年募集があるわけではない。そのパートの欠員が出て初めて募集がかかる。もちろんオーディションがある。実力がモノを言うのは当然だ。そしてもうひとつ、コネクション（誰の門下生か）も重要なのだ。

こんなことをいうヴィオラの大家がいた。

「在京のオケの首席ヴィオラ奏者の半分は、おれの弟子だよ」

岡田伸夫（1951年生まれ）である。某音楽大学・大学院の取材での話だ。

本当に在京のオケの首席ヴィオラ奏者の多くは岡田門下だった。修了演奏会で話を聞いたKくんも彼の門下で、彼と同門・同期のKさん（こちらは女性）は早々に名古屋のプロ・オーケストラに入団した。少し遅れて、Ｋくんも在京のオケに入団してヴィオラ奏者になった。岡田門下生、恐るべしである。

話を聞いてみると、ＫくんもＫさんも最初はヴァイオリンを弾いていた。ふたりとも、あるタイミングでヴィオラに転向した。

「ヴィオラも副科で習ってました。転向しなよーとヴィオラの先生には唆《そそのか》されましたが、ヴァイオリンやめる気にはなりませんでした」

と会田桃子も言うように、ヴァイオリン科の生徒にヴィオラ転向の誘惑は絶えないようなのだ。

岡田伸夫もかつてはヴァイオリンを弾いていた。桐朋学園大学音楽学部を経て、１９７０年（昭和45年）には東京交響楽団にコンサートマスターとして入団しているのだ。

「ヴィオラのデビューは18歳のときだったかな？　桐朋学園大学ではヴァイオリンもヴィオラも両方弾かされてましたけど、あるとき、室内楽の演奏会があって、徳永二男さんがファーストヴァイオリン、兼一郎さんがチェロ。セカンドはだれだったかなぁ……。で、ヴィオラがいない。『岡田、弾いてくれ』。それから間もなく、19歳のときに、東京交響楽団のコンサートマスターになったんです」（文京楽器　季刊誌『Pygmalius』第35号／1989年10月1日発行）

それからドイツのデトモルト音楽大学へ留学後、ベルリン・フィルハーモニー管弦楽団で2年間を過ごし、1978年（昭和53年）、バンベルク交響楽団（Bamberger Symphoniker）の首席ヴィオラ奏者に就任。約10年間その任を務めた。

「おれはね、日本より海外の方が有名なの」とご本人が言うのも頷ける。

「自分でヴィオラを買ったのは、21歳のときかな？　ヴィオラの先輩から、フランスのシルベスターを譲ってもらった。ヴァイオリンと違って、ヴィオラは必ずしもイタリアン・オールドじゃなくてもいい音が出せます。中途半端な楽器よりも、新作の楽器のほうがいい。シルベスターのあと、ガリアーノ、テストーレ、ヨーゼフ・ロッカと変えて、今はマジーニ。これは古い楽器ですが」（前出の季刊誌『Pygmalius』）

イタリアン・オールドにこだわらないあたりがヴィオラ奏者っぽくてかっこいい。

岡田のようにヴァイオリンからヴィオラに転向して北ドイツ放送交響楽団の首席ヴィオラ奏者になった深井碩章《ひろふみ》（1942年、埼玉生まれ）のような人もいるが、内声部をカヴァーするこの楽器の性格上、ユーリ・ヴァシュメット（1953年、ロシア生まれ）や今井信子（1943年、東京生まれ）のようなヴィオリストのスターは生まれにくいのは仕方がない。

岡田門下生はというと、清水直子（ベルリン・フィルハーモニー管弦楽団首席ヴィオラ奏者）、篠崎友美（東京都交響楽団首席ヴィオラ奏者）、須田祥子《さちこ》（東京フィルハーモニー交響楽団首席ヴィオラ奏者、日本センチュリー交響楽団首席客演奏者）、鈴木康浩（ベルリン・フィルハーモニー管弦楽団・契約団員、読売日本交響楽団ソロ首席ヴィオラ奏者）、青木篤子（東京交響楽団首席ヴィオラ奏者）、大島亮（神奈川フィルハーモニー管弦楽団特別契約首席ヴィオラ奏者）、田原綾子といった面々である（ご本人の言った通りだ）。須田はヴィオラ演奏集団「SDA48」を主宰していてレコーディングや演奏会を行っている。全員ヴィオラ奏者ですよ。さすが岡田門下生である。

2018年（平成30年）に奥さんのヴァイオリニスト名倉淑子（東京クヮルテット・創設メンバー）が亡くなった。その2年後の2020年（令和2年）に岡田伸夫の訃報を聞いた。ヴィオラのおとなしいイメージを覆す、とてもファンキーな演奏家だった。合掌。

堤剛というチェロの巨人

1960年（昭和35年）、NHK交響楽団が日本のプロ・オーケストラとして初めて海外へのツアーに出た。「NHK交響楽団　世界一周演奏旅行」とタイトルされたNHKの放送開始35周年の記念事業で、同年8月29日～11月4日という長旅である。

指揮者は、岩城宏之（1932年、東京生まれ）、外山雄三《とやまゆうぞう》（1931年、東京生まれ）という当時でいえば若手のホープ2人。ソリストには来日したヘルベルト・フォン・カラヤンと共演（オケはNHK交響楽団）したピアニストの園田高弘、前年（1959年）にロン＝ティボー国際コンクールを制したばかりのピアニスト松浦豊明（1929年、豊中生まれ）、そして16歳のピアニスト中村紘子、18歳のチェリスト堤剛の4人。堤剛と中村紘子はいわば大抜擢である。

インド、ソ連、スイス、オーストリア、チェコ、ポーランド、西ドイツ、イタリア、イギリス、フランスなどを巡るまさに「世界一周演奏旅行」。

そんな中、堤剛はモスクワのチャイコフスキー・ホールでハイドン《チェロ協奏曲第2番》、プラハのスメタナ・ホールでドヴォルザーク《チェロ協奏曲》、そして、ワルシャワのフィルハーモニー・ホールとローマのアウディトリウム・フォノ・イタリアーノで矢代秋雄《チェロ協奏曲》といった曲を演奏した。矢代の作品はNHK交響楽団が新進気鋭の作曲家・矢代に委嘱《いしょく》したもの。

もちろんTV中継もあり、中村紘子が着物姿でピアノを弾いている姿が記憶に残っている方も多いと思う。

年は2つ違うが中村紘子と堤剛は「子供のための音楽教室」一期生同士で、ともに桐朋女子高校音楽科に進んだ。

中村は高校を中退してジュリアード音楽院へ、堤は卒業してインディアナ大学へ進み、あのヤーノシュ・シュタルケル（1924年、ブダペスト生まれ）に師事した。

「シュタルケル先生に一からたたき直されました。体全体を生かして弾きなさい、と教えられました。合理的なアプローチ、効果的な演奏方法などを教わりました。当時、練習時間は多ければ多いほど良いといわれていました。しかし先生は、練習は量ではなく質、集中して練習できなければ何にもならない、と言われました。その分、考え抜いて自分自身で答えを出していくのだと。自分でものにした解決法は自分の身につくので

す」（産経新聞ｗｅｂ版／２０２３年４月１日）

１９６３年（昭和38年）にはミュンヘン国際音楽コンクールで２位、パブロ・カザルス国際チェロコンクールで１位になり、それ以降、ソリストの道を邁進している。

国内外で精力的に演奏活動を行うかたわら、ウェスタンオンタリオ大学の准教授、そしてイリノイ大学、インディアナ大学の教授も務めた。桐朋学園大学の学長も務めた。サントリーホールの館長（サントリー芸術財団の代表理事）にもなった。

２００９年（平成21年）には、「天皇陛下御在位二十年記念式典」（国立劇場）で御前演奏を行った。

もはや、ひとりのチェリストというよりも、クラシック界の代表。社会的に大きな役割を担う人物である。

もちろん、チェリストとしても現役バリバリである。愛器は１７３３年製モンタニャーナ。

「チェロを始めたときにはまさか80歳まで弾いているとは思いませんでした。人間ですから体力が落ちるのは仕方がない。何とかやってこられたのはありがたい」（前出の産

経新聞web版）

近年は、ヴァイオリンの竹澤恭子や豊嶋泰嗣らとともにサントリーホールで室内楽の演奏会「フェスティバル・ソロイスツ」や、それを発展させた「チェンバーミュージック・ガーデン」を行っているが、かつては堤剛はサイトウ・キネン・オーケストラや水戸室内管弦楽団という日本でも屈指のオーケストラを支えていたのだ。

堤剛の師匠である齋藤秀雄が桐朋学園を作ったのは、オーケストラを作るためだったという。そして、その想いが具体化したのが桐朋学園出身者で構成されたサイトウ・キネン・オーケストラなのだ。

サイトウ・キネン・オーケストラと水戸室内管弦楽団

１９８４年（昭和59年）、齋藤秀雄の弟子である小澤征爾と秋山和慶《かずよし》（１９４１年、東京生まれ）が発案して、齋藤没後10年に東京と大阪でメモリアルコンサートを開催。門下生約１００人が集まった。この時のメンバーを中心にしてサイトウ・キネン・オーケストラが発足。

1987年（昭和62年）と1989年（昭和64年）にヨーロッパ・ツアーを敢行し、ウィーンやベルリンでコンサートを行った。1990年（平成2年）にはザルツブルグ音楽祭、1991年（平成3年）にもロンドン、デュッセルドルフ、アムステルダム、ニューヨークと世界を巡るツアーを敢行した。

そして、1992年（平成4年）には「サイトウ・キネン・フェスティバル松本」（現在は「セイジ・オザワ 松本フェスティバル」に改称）をスタートさせ、このオーケストラのホームグラウンドとなった。

こうして長野県松本は、〝ピアノ王国〟浜松と並ぶ音楽の都になった。

小澤征爾はもうひとつ、2000年（平成12年）に「小澤征爾音楽塾」を立ち上げ、「小澤征爾音楽塾オペラ・プロジェクト」をスタートさせている。拠点は京都。小澤征爾がローム株式会社の佐藤研一郎社長（当時）の協力を得て、オペラを通じて若い音楽家を育成することを目的にして立ち上げたプロジェクトで、ロームシアター京都（旧・京都会館）をホームグラウンドとしている。

当然ながらオペラにはオーケストラが必要で、「小澤征爾音楽塾オーケストラ」も結成されている。このプロジェクトの公演は「セイジ・オザワ 松本フェスティバル」でも行われていて、小澤征爾音楽塾オーケストラはいわばサイトウ・キネン・オーケストラの弟分ともいえる。

たとえばウィーン・フィルハーモニー管弦楽団も、もとはウィーン国立歌劇場のオーケストラが自主的に演奏会を行うようになったものだ。そんなふうに、歴史のあるヨーロッパのオーケストラの多くはオペラハウスのオケピ（オーケストラ・ピット）から生まれているのだ。オペラハウスではなく、最初からオーケストラありきでスタートしているのはアメリカや日本のように比較的歴史の浅い国だ。

話は逸れたが、小澤はヘルベルト・フォン・カラヤンの「交響曲とオペラは車の両輪のようなもの」という言葉を胸に持ち続けていて、日本にオペラを根づかせようとしているのだ。

「東京と大阪で何回かオペラを指揮してみた経験から、いまのオペラ運動の現状を考えてみるとね、これも前に話したけれど、昔、オーケストラ運動というのがあったでしょう。近衛秀麿さん、齋藤秀雄先生、山田耕筰さんたちが、音楽が好きで好きでたまらなくて、手弁当で楽団員を募集して、軍楽隊帰りの人たちなんかが集まってやっていたオーケストラ運動。勿論、経済的にも恵まれないで、一生懸命に手弁当でやっていた時代があるんだよ。いまのオペラがこれに近い状態なんだよ。オペラをやっている人は、二期会にしても、大阪の人にしても、藤原歌劇団にしても、オペラで食っていこうと思っている人はいないと思うの。一年に何十回かオペラの公演をする。それで生活しているのではなく、またオペラ座からもらう給料で食べているのでもなくて、学校の先生をしたり、別にリサイタルを開いたり、アルバイトをしたりしてオペラに打ち込んでいる。だからいまのオペラ運動は、昔のオーケストラ運動と同じように、内部のエネルギーが強いのね。そのオペラ公演のためにはどうしても会場練習が必要だし、舞台装置もいる、衣装を置く場所もほしいのに会場がない。見ていると気の毒だよ。仮に会場が確保できても、東京の文化会館だと、規則がひどいんだよ。朝の勤務時間にならないと装置を運び込むことも出来ないし、夜中は使ってはいけない。昔は日曜日も開いていなかったんだ。ユニオンの強いアメリカやヨーロッパ、社会主義国でさえ、いざとなれば、夜中でも働いてくれるよ」(『音楽』小澤征爾　武満徹)

これに対して、武満徹がこう返答している。

「だから、国立オペラ劇場ができれば、多分、オペラの質は向上すると思うよ。オペラハウスがあった方がよいことは間違いない。文化会館に美術や大道具を仕込むなんて大変だし、次の日には片付けなければならないし、実際にセットを組むにしても、ひとつのきちんとしたオペラ劇場があれば、演出家の発想もそれに応じてふくらませることが出来るからね」（前出の『音楽』）

この対談が行われたのが、1979年（昭和54年）。十数年後の1997年（平成9年）には新国立劇場（東京オペラシティ）がオープンしたが、純粋なオペラハウスかというと疑問符がつく。

ともかく、小澤は京都をオペラの都にしようと奮闘している。ピアノ王国・浜松、弦楽器の国・松本のようなオペラの都になるかどうか。

話が逸れたが、もうひとつ小澤征爾が関わる世界的なオーケストラがある。

1990年（平成2年）に設立された水戸室内管弦楽団である――。

このオーケストラは、吉田秀和・水戸芸術館初代館長の提言により、同館の専属楽団としてスタートした。

主なメンバーは、ヴァイオリンに安芸晶子《あきしょうこ》（生年不詳）、小栗まち絵（1948年、大阪生まれ）、川崎洋介（1977年、ニューヨーク生まれ）、佐分利恭子（生年不詳）、竹澤恭子、豊嶋泰嗣、ヴィオラに川崎雅夫（1951年、東京生まれ）、川本嘉子（1966年、名古屋生まれ）、店村眞積《たなむらまづみ》（1948年、京都生まれ）、チェロに上村昇（1952年、市川生まれ）、原田禎夫、宮田大、コントラバスに池松宏（1964年、ブラジル生まれ）といった国内外で活躍する豪華な演奏者たちだ（かつては堤剛も参加していた）。

高い水準を誇るこのアンサンブルは指揮者を置かず、バロックから現代音楽までカバーする。私は東京オペラシティ（マルタ・アルゲリッチとの共演）でこのオケを聴いたが、オケからは芳醇なヨーロッパの空気感が立ち上っていた。オーケストラ・アンサンブル金沢とともに、日本を代表する室内管弦楽団である。

2010年（平成22年）には吉田秀和の命名により「新ダヴィッド同盟」（ロベルト・シューマンの「ダヴィッド同盟」にちなんでいる）という室内楽団が結成された。ヴァイオリンに庄司紗矢香、佐藤俊介、ヴィオラに磯村和英、チェロに石坂団十郎（1979年、ドイツ生まれ）、ピアノに小菅優（1983年、東京生まれ）という豪華なメンバーだ。

一方、東京藝術大学の卒業生を中心とした室内管弦楽団ももちろんある。

アンサンブル of トウキョウである。

1986年（昭和61年）にフルート奏者で東京藝術大学名誉教授の金昌国《きんしょうこく》（1942年、大阪生まれ）の呼びかけにより結成された。国内外で活躍するソリスト（コンクール入賞者も多い）、国内外のオーケストラで活躍する音楽家が集まっている。

ヴァイオリンに小林美恵（1967年、愛知生まれ）、玉井菜採、ヴィオラに大野かおる（生年不詳）、田原綾子、チェロに河野文昭（1956年、小樽生まれ）、コントラバスに渡邉玲雄《れお》（新潟生まれ）といったメンバーがいて、これにオーボエ、フルート、クラリネット、ファゴット、チェンバロ奏者が加わり、バロックから近現代の曲まで、幅広いレパートリーを持つ。

弦楽四重奏団とピアノ・トリオ

アンサンブルの粋を極めたカタチが室内楽である。室内楽でも絶妙なバランスを保つのが弦楽四重奏。ベートーヴェンからバルトークまで弦楽四重奏曲の名曲は多い。

2012年（平成24年）公開の映画『25年目の弦楽四重奏』には、弦楽器奏者4人が作り出す独特の空気感が描かれている。

結成25年を迎えるタイミングでチェロ奏者が病気を理由に引退を宣言する。その時、ロバート（セカンド・ヴァイオリン）がファースト・ヴァイオリンを弾きたいと言い出す。反対するダニエル（ファースト・ヴァイオリン）とジュリエット（ヴィオラ）。ポイントはロバートとジュリエットは夫婦だということ。

夫は自分のヴァイオリンの実力をヴィオリストの妻に否定されたのだ――。

この夫婦の娘アレクサンドラもヴァイオリンを弾いていて、ダニエルのレッスンを受けている。互いに恋に落ちてしまう2人。お察しの通り、ダニエルはジュリエットの元カレである（ヴィオラの夫がセカンド・ヴァイオリンで、元カレがファースト・ヴァイオリンですね）。ロバートはロバートでセントラルパークをジョギング中に知り合った若い女性と浮気……とまぁ、ぐちゃぐちゃな展開ながら、実際にありそうな話だなぁと思った人も多いと思う。

たとえば、チェロ奏者が病気を理由に引退するというエピソード、クァルテット内恋愛、ファーストとセカンドのヴァイオリニストを交互に担当するエピソードも、実在の弦楽四重奏団がモデルになっている。

さて、戦後すぐの頃には日本にも巌本真理弦楽四重奏団（ファースト・ヴァイオリンに巌本真理、セカンド・ヴァイオリンに友田啓明、ヴィオラに菅沼準二、チェロに黒沼俊夫）、鈴木クワルテットといった団体がスタートしたばかりのラジオに出演したり、全国ツアーを行ったり、レコード録音を行ったりと活躍していた。それから、1969年（昭和44年）にはニューヨークから東京クヮルテットが登場し、世界的な活躍を展開した。

しかしながら、エンターテインメントが多様化し、スマホを中心とした視聴デバイスも日々変化し、時短で映画を見る層がふえるなど視聴覚状況も変化している昨今、19世紀のヨーロッパ文化であるクラシック音楽、その粋たる弦楽四重奏団のゆったりとした時間の流れが現代のスピード感にアジャストしにくくなっているのも事実。

それでも、がんばっている弦楽四重奏団はいる――。

日本人として初めて作曲家のスティーヴ・ライヒ（1936年、ニューヨーク生まれ）と共演した古典四重奏団（ファースト・ヴァイオリンに川原千真《ちま》、セカンド・ヴァイオリンに花崎淳生、ヴィオラに三輪真樹、チェロに田崎瑞博）、ハレー・ストリング・クァルテット（ヴァイオリンに漆原啓子、篠崎史紀、ヴィオラに豊嶋泰嗣、チェロに向山佳絵子《むこうやまかえこ》）、アルティ弦楽四重奏団（ヴァイオリンに豊嶋泰嗣、矢部達哉、ヴィオラに川本嘉子、チェロに上村昇）、澤クヮルテット（ファースト・ヴァイオリンに澤和樹、セカンド・ヴァイオリンに大関博明、ヴィオラに市坪俊彦、チェロに林俊昭）、前橋汀子カルテット（ヴァイオリンに前橋汀子、久保田巧、ヴィオラに川本嘉子、チェロに原田禎夫）、クァルテット・エクセルシオ（ファースト・ヴァイオリンに西野ゆか、セカンド・ヴァイオリンに北見春菜、ヴィオラに吉田有紀子、チェロに大友肇）、チェルカトーレ弦楽四重奏団（ヴァイオリンに関朋岳、戸澤采紀、ヴィオラに中村詩子、チェロに牟田口遥香）といった団体だ。

そして、２０１６年（平成28年）ミュンヘン国際音楽コンクールで3位になったカルテット・アマービレ（ファースト・ヴァイオリンに篠原悠那、セカンド・ヴァイオリンに北田千尋、ヴィオラに中恵菜、チェロに笹沼樹）、２０２１年（令和3年）バルトーク国際コンクールで１位、２０２２年（令和4年）ミュンヘン国際音楽コンクールで2位になったクァルテット・インテグラ（ファースト・ヴァイオリンに三澤響果、セカンド・ヴァイオリンに菊野凛太郎、ヴィオラに山本一輝、チェロに築地杏里）と若手の有望株も出てきている。２０２３年（令和5年）のジュネーヴ国際音楽コンクールでは、ノボ・カルテット（ヴァイオリンに加藤ミュラー香耶が1位、カルテット・ハナ（ヴァイオリンに見渡風雅《みわたしふうが》、ヴィオラに湯浅江美子）が2位に入った。

海外では大学、ホール、美術館に専属の弦楽四重奏団を置くレジデント・クァルテットが定着しているが、日本にもある。前出のアルティ弦楽四重奏団は京都府立府民ホールアルティの名を冠したレジデント・クァルテットである。ほかにも、静岡音楽館ＡＯＩのＡＯＩ・レジデンス・クワルテット（ヴァイオリンに松原勝也、小林美恵、ヴィオラに川本嘉子、チェロに河野文昭）、仙台市宮城野区文化センターPaToNaホールのQuartet PaToNa（ヴァイオリンに、神谷未穂、小川有紀子、ヴィオラに井野邉大輔、チェロに三宅進）、ハーモニーホールふくいのディノカルテット（ヴァイオリンに室屋光一郎、伊藤彩、ヴィオラに生野正樹、チェロに向井航）、六花亭ふきのとうホール（札幌）のクァルテット ベルリン‐トウキョウ（ヴァイオリンに守屋剛志、ディミトリ・パヴロフ、ヴィオラにグレゴール・フラーバー、チェロに松本瑠衣子）、ＯＫＢふれあい会館・サラマンカホール（岐阜）のサラマンカホール・レジデント・カルテット（ヴァイオリンに西村洋美、波馬朝加、ヴィオラに太田奈々子、チェロに紫竹友梨）、長野市芸術館のリヴァラン弦楽四重奏団（ファースト・ヴァイオリンに川久保賜紀、セカンド・ヴァイオリンに近藤薫、ヴィオラに佐々木亮、チェロにクリスティアン・ギガー）がある。

水戸室内管弦楽団を擁する水戸芸術館もかつては水戸カルテットがあったが、２０２３年（令和５年）にカルテットＡＴ水戸（ヴァイオリンに川崎洋介、西野ゆか、ヴィオラに柳瀬省太、チェロに辻本玲）をスタートさせている。

このようにレジデント・カルテットもまだまだ少なく、常設の弦楽四重奏団で演奏活動していくのはなかなか難しいのだけれど、ピアノ・トリオとなるともっと難しい。

かつては、カザルス・トリオ（ピアノにアルフレッド・コルトー、ヴァイオリンにジャック・ティボー、チェロにパブロ・カザルス）、百万ドルトリオなど世界的なピアノ・トリオが活躍していたが、日本で常設のピアノ・トリオはそれほど多くはない。

すぐに思い浮かぶのが、川久保賜紀・遠藤真理・三浦友理枝トリオと椿三重奏団（ピアノに高橋多佳子、ヴァイオリンに礒絵里子、チェロに新倉瞳）の2団体。それから、八ケ岳高原音楽堂のコンサートをきっかけに誕生したNH&K TRIO（ピアノに西村由紀江、ヴァイオリンに葉加瀬太郎、チェロに柏木広樹）もある。

若手だと、2018年（平成30年）にミュンヘン国際音楽コンクールで1位になった葵トリオ（ヴァイオリンに小川響子、チェロに伊東裕、ピアノに秋元孝介）やトリオ・ヴェントゥス（ヴァイオリンに廣瀬心香《みか》、チェロに鈴木皓矢《こうや》、ピアノに石川武蔵）がいる。クーベリック・トリオ（ヴァイオリンに石川静《しずか》）のように外国人演奏者と組むケースもある。

新進ジャズ・ピアニストの桑原あいが巨匠スティーヴ・ガッド（ドラム）やウィル・リー（ベース）とスペシャル・ピアノ・トリオを組んだりしているように、ジャズのピアノ・トリオならけっこうあるのだけれど。

それから、人気ヴァイオリニスト3人――葉加瀬太郎・高嶋ちさ子・古澤巌――によるトリオもある。トリオというよりもこちらはユニットか。

鈴木雅明率いるBCJ

もうひとつ、世界的なアンサンブルをご紹介したい。

第4章で触れたピリオド楽器のトレンドの中で台頭した鈴木雅明率いるバッハ・コレギウム・ジャパン（Bach Collegium Japan、以下BCJ）である。両親がクリスチャンで自身も教会でオルガンを弾いていた鈴木雅明は、東京藝術大学作曲科を卒業後、アムステルダムのスウェーリンク音楽院（のちにアムステルダム音楽院に統合される）でチェンバロをトン・コープマン、オルガンをピート・ケー（1927年、オランダ生まれ）に師事。

1990年（平成2年）、仲間を集めてBCJを結成。

鈴木雅明のほか、鈴木雅明の弟でチェリストの鈴木秀美（1957年、神戸生まれ）、鈴木雅明の息子で指揮者・チェンバリストの鈴木優人（1981年、オランダのハーグ生まれ）、鈴木秀美の妻で声楽家の鈴木美登里（1950年、神戸生まれ）、ヴァイオリニストの若松夏美（1957年、仙台生まれ）、寺神戸亮《てらかどりょう》（1961年、ボリビア生まれ）といったメンバーで、その何人かはフランス・ブリュッヘンの18世紀オーケストラやグスタフ・レオンハルトとシギスヴァルト・クイケン（1944年、ベルギー生まれ）が結成したラ・プティット・バンドに参加したりしていた。

BCJは原則としてピリオド楽器（オリジナル楽器）による演奏スタイルなので、1960年代に一世を風靡したカール・リヒター（1926年、ドイツ生まれ）率いるミュンヘン・バッハ管弦楽団のモダン楽器（現代楽器）による演奏スタイルとは一線を画す（ミュンヘン・バッハ管弦楽団も代替わりをして最近はピリオド楽器との融合を図っている）。

ピリオド楽器のオーケストラにはチェンバロやフラウト・トラヴェルソ（フルートの原型）などモダン・オーケストラには登場しないピリオド楽器が使用されるほか、弦楽器もモダン楽器とはひと味違う。

彼らが使用するいわゆるバロック・ヴァイオリンは、指板が短く、ネックが太く、基本的に顎当てや肩当てがない（ボディを顎で支えていないのでヴィブラートをかけられない）。そしてガット弦を使用し、ボウ（弓）にアジャスターがない。アジャスターがないと弓毛の長さが調節できない。それゆえ、モダン楽器に慣れた演奏者は少なからずストレスを感じるという。

バロック・チェロはというと、いちばん大きな違いはエンドピンがないこと。これがないので、両足でボディを挟むようにして支えるのだ。やはりガット弦を使用し、ボウにアジャスターはない。こちらも演奏するのは簡単ではない。

堀米ゆず子がかつてバロック・ヴァイオリンを演奏する際、寺神戸亮を訪ねたことがあるという。

「寺神戸亮さんと私はお互い昔、久保田良作先生にヴァイオリンを習っていた。桐朋にも通っていた。同じブリュッセルに在住。なのに、なぜか遠慮して（?）なかなか会う機会がなかった。

数年前、ついに私が有田正広オケのオリジナル楽器版メンコン（メンデルスゾーンのヴァイオリン・コンチェルト）を引き受けるにあたって、ガット弦の使用法や購入法、またE線もガットにするための調弦に始まり、メンコンを時代的解釈で弾くにはどうすればよいか、最低限何をやってはいけないのか、などを教えていただいた。

彼の自宅に赴くこと数回、『あご当』も貸していただいた。

もともとヴァイオリンを持つための肩当ては、私は布団一枚、あるいはすべり止めのゴムだけだったので、それほど違和感はない。オリジナル楽器の演奏では調弦も低い。当時はそれで演奏されていた。ヴァイオリンの弦の調律が通常442のところを430ぐらいで弾くことになる」(『ヴァイオリニストの領分』堀米ゆず子)

絶対音感を持つ堀米だが、調弦の違いも「思っていたような弊害はなかった」という。

さて、ピリオド楽器によるバッハ《カンタータ全集》は、モダン楽器によるオーケストラをドライヴする指揮者にとってのベートーヴェン《交響曲全集》、ピアニストにとってのベートーヴェン《ピアノ・ソナタ全集》に匹敵する大きな壁だ。

これまで、ヘルムート・リリング(1933年、シュトゥットガルト生まれ)、トン・コープマン、ジョン・エリオット・ガーディナー(1943年、イギリス生まれ)といった指揮者がバッハ《カンタータ全集》の録音を完結させている。中でもユニークなのがジョン・エリオット・ガーディナーで、彼はバッハ・イヤー(生誕100年を記念)を中心にヨーロッパとアメリカの約50都市の教会で《カンタータ》全曲を演奏するという無謀とも思えるプロジェクト『バッハ　カンタータ巡礼』を敢行した。そしてその後、モンテヴェルディ合唱団、イングリッシュ・バロック・ソロイスツを率いてバッハ《カンタータ全集》を完成させたのだ。

当初はアルヒーフ（ドイツ・グラモフォン）に、そのプランが頓挫した後は自ら立ち上げた〝ソリ・デオ・グローリア（Soli Deo Gloria）〟というレーベルに移行して録音を行った。

ＢＣＪはバッハ録音をKING INTERNATIONAL / BISを中心に行っていて、とりわけ、１９９５年（平成７年）に録音をスタートしたバッハ《カンタータ全集》は２０１３年（平成25年）に完結。55枚組ＣＤ ＢＯＸという、まさに偉業ともいうべきプロジェクトは、限定版ながらＳＡＣＤ化もされている。

このようにモダン楽器をゴージャスに弾きたおすエンタメ感溢れる欧米のクラシック音楽界にあって、極めてアカデミックなアプローチをする日本人演奏家もいて世界的な評価を得ているのだ。

第7章

クラシックの枠を超えて
——新世代の弦楽器奏者たち

クライズラー&カンパニーとVanilla Mood

１９９０年代に入ってすぐの頃、ＴＶから耳なじみのある曲が流れてきた。お、いい曲だけど何だっけ？　と、すぐには分からなかったが、フリッツ・クライスラーの『愛のよろこび』だった。なんだかノリノリでヴァイオリンを弾いてる。クラシックの曲がこんなポップになるのか――。

演奏していたのはクライズラー&カンパニーである。

ヴァイオリンの葉加瀬太郎、ベースの竹下欣伸《よしのぶ》（１９６７年、福岡生まれ）、キーボードの斉藤恒芳《つねよし》（１９６５年、静岡生まれ）、東京藝術大学在学中（当時）の３人組だ。

１９９５年（平成7年）にはセリーヌ・ディオンと共演した『トゥ・ラヴ・ユー・モア』がオリコン１位を獲得。１９９６年（平成8年）にはこのユニットは解散したが、葉加瀬太郎はタレントとして各メディアへの露出がふえ、『情熱大陸』（毎日放送）のテーマ曲も大ヒットした。あの印象的なメロディは誰でも聴いたことがあるはずだ。

一方、人気の旅番組『世界の車窓から』（テレビ朝日）のテーマ曲でおなじみなのは、東京藝術大学卒業のチェリスト溝口肇《はじめ》（１９６０年、東京生まれ）だ。彼は八神純子、上田知華

+KARYOBINなどのサポートメンバーを務めるなどクラシック以外での仕事も多く、映画音楽・TVドラマの劇伴（サウンドトラック）も手がける。

２０００年代に入ると、昼のTV番組『お昼ですよ！ ふれあいホール』（NHK）で毎日、生演奏する弦楽器奏者中心のグループが現れた。Vanilla Mood（バニラ・ムード）である。女性5人組だったVanilla Moodも、『おもいッきりDON！』（日本テレビ）という番組に出演している頃には4人組になっていた。その頃、汐留の日本テレビの楽屋に彼女たちの取材に行ったことがある。

そして、現在はヴァイオリンのYui（1982年、名古屋生まれ）、チェロのMariko（1982年、北九州生まれ）、ピアノ&メインコーラスのKeiko（1982年、広島生まれ）の3人組になった。3人とも東京藝術大学卒業の才媛である。

Yuiは Wolf ToneやNeo Hycladやsoluzなど別ユニットでの活動を盛んに行っていて、もともと東京藝術大学の作曲科だったKeikoはミュージカルの作編曲を手がけたり、『ラヴイット！』（TBSテレビ）で生演奏を披露したりしている。そして、チェロのMarikoだが、アメリカで大活躍していて――STARSETやHans Zimmer Liveでチェロを弾いていて――もはや外タレのようだ。

東京藝術大学出身者の系譜でいうと、彼らにKing Gnu（キング・ヌー）が続く。ギター、キーボードからプログラミングまでこなす常田大希（1992年、長野生まれ）は器楽科チェロ専攻、シンガーの井口理《さとる》（1993年、長野生まれ）は声楽科卒業である。

TVへの露出は少ないが、神奈川フィルハーモニー管弦楽団首席ソロ・コンサートマスターを務めるヴァイオリニスト石田泰尚（1973年、川崎生まれ）率いる石田組の存在も忘れてはならない。このユニットは2014年（平成26年）に結成された弦楽合奏団。コンサートごとに石田組長がメンバーをその都度招集するスタイルで、主なメンバーは須山暢大（大阪フィルハーモニー交響楽団コンサートマスター）、三上亮（広島交響楽団首席客員コンサートマスター）など腕の確かな強者たちだ。

男ばかりがわーっとステージ上に並ぶ。サングラスの石田組長の姿と相まって、見た目はいかつく、演奏は熱い。石田のセルフプロデュース能力に脱帽である。

12人のチェリストとスーパーチェリスツ

2023年（令和5年）秋に、「日本大学カザルスホール　再び　～パブロ・カザルス没後50年記念〜」というタイトルの演奏会の予定があったが延期になってしまった。

出演者は、堤剛、ピアニストの江口玲（1963年、東京生まれ）、ヴァイオリニストの服部百音《もね》（1999年、東京生まれ）、そして12人のチェリストの予定だった。

あの大きなチェロが舞台にわーっと並んで、カタルーニャ民謡（カザルス編曲）《鳥の歌》やチャイコフスキー《ピアノ三重奏曲・偉大な芸術家の思い出に》などチェロの名曲を演奏する様は見応えがありそうだが、スケジュール調整は大変そうだ。

ところで、12人のチェリストって誰だ？　というわけで列挙してみる——。

向山佳絵子（元・NHK交響楽団首席チェロ奏者）、高橋純子（東京都交響楽団チェロ奏者）、長谷部一郎（東京都交響楽団副首席チェロ奏者）、服部誠（東京フィルハーモニー交響楽団首席チェロ奏者）、藤村俊介（NHK交響楽団チェロ奏者）、藤森亮一（NHK交響楽団首席チェロ奏者）、三森未來子（東京音楽大学講師）、宮坂拡志（NHK交響楽団チェロ奏者）、村井将（NHK交響楽団チェロ奏者）、山内俊輔（NHK交響楽団次席チェロ奏者）、山本祐ノ介（元・東京交響楽団首席チェロ奏者）、渡邊方子（NHK交響楽団チェロ奏者）。そして、堤剛。

チェリストが12人集まるアンサンブルの元祖といえば、「ベルリン・フィル12人のチェリストたち」がある。彼らは1960代後半から2010年代に活動を行っていたが、ベルリン・フィルの弦楽器奏者と管楽器奏者を中心にしたベルリン・ゾリステン（Berliner Solisten）という別のアンサンブルもあって、こちらは安永徹も参加していたことがある。ウィーンにもベルリンにも、こうした少人数のアンサンブルがけっこうあって、思い思いに室内楽を楽しんでいる。

樫本大進も２０２３年（令和5年）にベルリン・ゾリステンより歴史の古いベルリン・フィル八重奏団（Philharmonic Octet Berlin）を率いて来日公演を行っている。クラリネット、ファゴット、ホルン、ヴァイオリン×2、ヴィオラ、チェロ、コントラバスという八重奏団の編成は、シューベルト《八重奏曲》を演奏するためのもの（シューベルトはベートーヴェン《七重奏曲》に着想を得てこの曲を書いた）。

孤高の一匹狼ピアニストと違い、弦楽器奏者はオーケストラやアンサンブル好きな人が多い。そんな世界こそ、齋藤秀雄が思い描いた世界なのかも知れない。

12人のチェリストに対抗するわけではないんだろうけれど、「高嶋ちさ子 ｗｉｔｈ スーパーチェリスツ」というチェロ奏者だけのグループもある。

こちらのメンバーは、古川展生を中心にして江口心一（東京都交響楽団副首席チェロ奏者）や森山涼介（東京都交響楽団チェロ奏者）など若手奏者が中心。よくチェロは団結力が強いという話を聞くけれど、本当にそうなのかも知れない。

高嶋ちさ子はスーパーチェリスツを立ち上げる前には、「高嶋ちさ子　12人のヴァイオリニスト」を作って現在も活動を続けている。２００６年（平成18年）に結成。女子十二楽坊の人気にあやかったのではという噂もあったが、ともかく12人の才媛ばかりを集めたアンサンブルは見ているだけで豪華である（男ばかりの石田組と正反対で面白い）。

メンバーも、小谷泉（桐朋学園大学音楽学部を首席で卒業）、甚目和夏（パリエコールノルマル音楽院に学費全額免除で留学）など、こちらも若手中心。

そういえば「藝大とか桐朋の才媛ヴァイオリニストを血眼で探してるらしいよ」という噂をあちこちで聞いた時期があったが、このアンサンブルのプロジェクトのことだったのかも知れない。

ジャズ・ヴァイオリニストの系譜

実は音大生（藝大生）とTV局との関係は（意外に）昔から深く、たとえば音楽番組のバックを務めるビッグバンド（もともとはジャズ系）のメンバーが足りないと、よく東京藝術大学、桐朋学園大学はもとより、武蔵野音楽大学や国立音楽大学の学生がエキストラとして呼ばれていた。特にトランペット等の金管楽器の需要が多かった。

彼らは「明日のCX取っ払いでゲーマンだって。けっこうおいしいぜ！」なんて会話を交わしていた。「明日のフジテレビのアルバイト代は即払いで5万円（実際は税金引かれて4万5千円）」という意味です。

遡ること終戦直後、進駐軍相手にジャズを演奏していた日本人の若者たちが使っていた隠語からの流れである。音大（藝大）だけではなく、東京大学、早稲田大学、慶應義塾大学、立教大学など一般大学のジャズ研究会の学生もよく進駐軍相手に演奏をするアルバイトをしていたのだ。

そんなふうにあちこちのキャンプ（米軍基地）を回る学生がいると、それをうまくマネジメント（君たちは17時横浜、21時からは厚木ね、という感じ）する連中も出てくる。そんな裏方が「これぞビジネスチャンスだ」とばかりに大きくなり、ワタナベエンターテインメント、ホリプロ、田辺エージェンシー、サンミュージックといった大手芸能プロダクションに発展していくのだから面白い。

管楽器奏者ほどではないにしろ、弦楽奏者もジャズの世界にはいる。

ジャズ・ヴァイオリニストに話を聞くと、たいてい中西俊博（1956年、東京生まれ）の名前が出てくる。どの先生に師事したか訊ねると、「中西さんにも習いましたよ」という答えが返ってくるのだ。

寺井尚子（1967年、藤沢生まれ）も中西俊博の教えを受けたし、その寺井尚子のライヴに通いつめてジャズ・ヴァイオリニストになったのがmaiko（神戸生まれ）だ。

ジャズ系のライヴの場合は、ブルーノート東京のような大きなハコ（ライヴ会場）ではない限り、たとえば1ステージと2ステージの間にその日のライヴのリーダーが各テーブルに挨拶回りをしたりする。小さいハコだと終演後、演奏者と客が一緒に飲んだりすることもある（クラシック系の場合は、楽屋口でサインを貰ったりするのが限界だ）。

そして、SNSでライヴ告知をしたりするため、演奏家と客の距離が近い。

たとえば、椎名林檎や小柳ゆきのバックでウッドベース（コントラバス）を弾いていた鳥越啓介（1975年、岡山生まれ）とか、浜崎あゆみのツアーに参加していたヴィオラの田中詩織（北海道生まれ）がすぐ目の前のステージで演奏しているというのが、ジャズ系のライヴハウスのいいところだ。

ちなみに田中詩織はSJS（スーパー・ジャズ・ストリングス）の一員。SJSは、ファースト・ヴァイオリンにmaiko、セカンド・ヴァイオリンにクラッシャー木村（愛知生まれ）、チェロ&作編曲の平山織絵（川崎生まれ）の4人組。それぞれがそれぞれのバックグラウンド（東京藝術大学卒業のクラッシャー木村は、aiko、絢香、YUKI、いきものがかり、平原綾香などのツアーやレコーディングに参加している）を持った演奏者が集まる感じは、クラシックの弦楽四重奏団に近いかも知れない。

彼女たちの誰かと、Vanilla MoodのYuiとか、タンゴ・ヴァイオリンの会田桃子が加わったり、コントラバスの鳥越啓介が加わったり、ギター&チェロの伊藤ハルトシ（実姉のマレーネ・イトウはベルリン・フィルハーモニー管弦楽団のセカンド・ヴァイオリン首席奏者）が加わったりと、毎夜毎夜、違った組み合わせでセッション（ライヴ）が行われたりするのもジャズ系のライヴハウスの面白いところだ。たいていはジャズピアニストの旬なところが加わるケースが多いが、弦楽器奏者ばかりの時もある。

もちろん、かちっとメンバーが決まってるバンドも多いのだけれど、彼らの強みはスコアが揃っていて多少の合わせる時間さえ確保できれば、一級のエンタメになるところだ。

そんな自由さが弦楽器奏者の魅力のひとつかも知れない。

日本人ヴァイオリニストの現在地

2022年（令和4年）のロシアによるウクライナ侵攻は、クラシック音楽界にも暗い影を落としている。プーチンと親交のある巨匠ワレリー・ゲルギエフ（1953年、モスクワ生まれ）はミュンヘン・フィルハーモニー管弦楽団のシェフ（首席指揮者）の座を失い、欧米での仕事はほぼない。国際音楽コンクール世界連盟も、チャイコフスキー国際コンクールの除名を決めた。

そんな折、2023年（令和5年）に開催されたチャイコフスキー国際コンクールの入賞者はロシア、中国、韓国出身の演奏者ばかりだった。

ヴァイオリンの国際コンクールには、ショパン国際ピアノ・コンクールのような絶対的人気を誇る大会は見当たらないが、ヘンリク・ヴィエニャフスキ国際ヴァイオリン・コンクール、パガニーニ国際ヴァイオリンコンクール、ハノーファー国際ヴァイオリン・コンクールなどがあり、ヴァイオリン部門を持つコンクールだと、ジュネーヴ国際音楽コンクール、ミュンヘン国際音楽コンクール、ロン=ティボー国際音楽コンクール、エリザベート王妃国際音楽コンクールなどがある。

こうしたコンクールには、たとえば1990年（平成2年）のチャイコフスキー国際コンクールで諏訪内晶子、1996年（平成8年）のロン＝ティボー国際音楽コンクールで樫本大進、1997年（平成9年）のハノーファー国際ヴァイオリン・コンクールで神谷美千子、1999年（平成11年）のパガニーニ国際音楽コンクールで庄司紗矢香がそれぞれ優勝した。

2000年（平成12年）以降だと、2002年（平成14年）のロン＝ティボー国際音楽コンクールの山田晃子（1986年、東京生まれ）、2007年（平成19年）のチャイコフスキー国際コンクールの神尾真由子、2009年（平成21年）のハノーファー国際ヴァイオリン・コンクールの三浦文彰、2019年（令和元年）のミュンヘン国際音楽コンクール・チェロ部門の佐藤晴真（1998年、名古屋生まれ）、2021年（令和3年）のジュネーヴ国際音楽コンクール・チェロ部門の上野通明《みちあき》（1995年、パラグアイ生まれ）、2022年（令和4年）のヘンリク・ヴィエニャフスキ国際ヴァイオリン・コンクールの前田妃奈と優勝者が目白押しである。

ここで注目したいのが、ミュンヘンを制した佐藤晴真、ジュネーヴ（日本人初制覇である）を制した上野通明、ポーランド（ヴィエニャフスキ）を制した前田妃奈といったいわゆる新世代の台頭である。1990年代半ば以降に生まれたこの世代はデジタルな環境がデフォルト。音楽はスマホやPCで聴く世代。

高木凜々子のようにYouTubeやTikTokやInstagramで情報発信をしながらオーケストラのコンサートマスターを務めたり、廣津留《ひろつる》すみれ（1993年、大分生まれ）のようにハーヴァード大学とジュリアード音楽院の両方を卒業し帰国してさらっとTV番組のレギュラーになったり、石上真由子（1991年、京都生まれ）のように京都府立医科大学を卒業し研修医になるかヴァイオリニストになるか悩んだり、などライフステージにおけるアクティビティの量も質も昔のヴァイオリニストと明らかに違うのだ。けっこうなマルチタスクを涼しい顔でこなしてしまうように見える。

ここで、注目すべきZ世代のヴァイオリニストを紹介します。

まずは、服部百音と東亮汰（1999年、横浜生まれ）。

服部百音はザハール・ブロン門下で桐朋学園大学音楽学部卒業。愛器は、株式会社日本ヴァイオリンより特別貸与されたグァルネリ・デル・ジェス。この歳にしてさまざまな声色を使い分ける老獪なヴァイオリンを弾く。作曲家・服部良一の血を引く〝音楽一族のDNA〟かくやあらん。

服部と同じ1999年（平成11年）生まれの東亮汰は、アニメ『青のオーケストラ』（NH

ＫＥテレ）で主人公の青野一の演奏を担当。アニメからその音を聴いたことがある方も多いと思うが、彼のヴァイオリンは美しい音色と瑞々しいアプローチ（ヴィブラート控えめ）が気持ちいい。

さらには、岡本誠司（１９９４年、市川生まれ）、毛利文香（１９９４年、神奈川生まれ）、金川真弓、周防亮介（１９９５年、京都生まれ）、山根一仁（１９９５年、札幌生まれ）、辻彩奈、荒井里桜（１９９９年、東京生まれ）、外村理紗といった名前を期待を込めて記しておくが、最後に21世紀に登場した〝神童〟のことを書いて筆を擱《お》きたい。

ＨＩＭＡＲＩこと吉村《よしむら》妃鞠《ひまり》（２０１１年生まれ）である――。

あの前澤友作所有の１７１７年製ストラディヴァリウス「ハンマ」を（株式会社日本ヴァイオリンのサポートにより）貸与されたことも話題になったが、何しろ彼女のコンクールの優勝歴が凄い。

２０１８年（平成30年）レオニード・コーガン国際ヴァイオリンコンクールで１位（当時6歳）、同年、アルトゥール・グリュミオー国際ヴァイオリンコンクールで１位（当時7歳）、ともにカテゴリーＡでの１位ながら特別グランプリも受賞している。２０１９年（令和元年）に受けたシェルクンチク国際音楽コンクールで１位になり、その時の審査員だったザハール・ブロンに絶賛され、彼のレッスンを受けるチャンスを得た。２０２１年（令和３年）にはリピンスキ・ヴィエニャフスキ国際ヴァイオリン・コンクール（ヘンリク・ヴィエニャフスキ国際ヴァイオリン・コンクールとは別物）のジュニア部門で１位に。ほかにもいろんな街のいろんなコンクールで１位になっている。

アルトゥール・グリュミオー国際ヴァイオリンコンクールでの演奏シーンはYouTubeにアップされ、世界中で再生された。地元ベルギーでは「７歳の〝Wunderkind〟（神童）がグランプリ」と報じられたという。

間違いなくデビュー当時の五嶋みどりを思い起こさせる逸材だが、五嶋はアメリカの楽界でセンセーションを巻き起こしたのに対し、吉村妃鞠はヨーロッパ各国のコンクールを席巻している。ただ、ＨＩＭＡＲＩという表記はやっぱりＭＩＤＯＲＩを意識している。

彼女の母親の吉田恭子（１９７４年、東京生まれ）もヴァイオリニスト、父親は作曲家・シンセサイザー奏者の吉村龍太（１９７３年、埼玉生まれ）。両親ともに桐朋学園大学音楽学部卒業の音楽家である。

この原稿を書いている時点（２０２３年10月）でまだ12歳。通っていた慶應義塾幼稚舎（小学校）を一時退学して、カーティス音楽院に通っている。12歳で大学に通っている⁉

老婆心ながら、無理はしないでほしいなと思う。身長もまだまだ伸びるし、筋肉もまだ出来上がってないし。ユーディ・メニューイン（成人したらただのヴァイオリニスト）みたいになったらどうしよう。でもまぁ、サラ・チャンなんて10歳にはＣＤデビューしてたしな。ともかく、これからどんな音楽家人生を歩んでいくのか、我々は見守るしかない。

彼女のストーリーはまだ始まったばかりなのだから――。

付録

日本のヴァイオリニスト・ディスコグラフィ30

本文に登場したヴァイオリニスト、ヴィオリスト、チェリストの録音を紹介する。CDとしてリリースされたタイトルを標準アイテムとして紹介するのだけれど、SACDハイブリッド、レコード、配信、ストリーミング（あるいは動画）、どのデバイスでお聴きいただいてもかまわない。選曲に多少の違いがある別のタイトル（たとえばベスト盤）が見つかった場合は、是非そちらでも楽しんでいただきたい。新しい発見があるかも知れない。

さて、30タイトルをラインアップしているのだけれど、例によって日本のヴァイオリニスト（あるいはヴィオリスト、チェリスト）の「ベスト30」ではないことは明記しておく。これらの音源を並べることによって日本のヴァイオリニスト像を浮かび上がらせることが目的なので、あのヴァイオリニストが入ってないじゃないか、とか、同じ曲がダブっているじゃないかというご不満もおありでしょうが、そこはご理解を賜りたい。

ページ数の都合上、ジャズやタンゴのCDは涙をのんでラインアップから外していますは（ピアソラの曲とかは入ってますけどね）。

尚、レーベルの後には録音年（西暦のみ）を記している。文中も西暦のみにしている。

◆諏訪根自子

バッハ《無伴奏ヴァイオリンのためのパルティータ第2番》《2つのヴァイオリンのための協奏曲》、巖本真理（ヴァイオリン）、齋藤秀雄（指揮）、桐朋学園オーケストラ、King International、1957年

もちろん、本文でも触れたバッハ《無伴奏ヴァイオリンのためのソナタとパルティータ》をお聴きいただくのがベスト。録音当初にはリリースの予定はなかったのにもかかわらず、周囲からリリースされるべきだという声が上がってレコード化したという1980年リリースの伝説の名盤だ。しかし、現在では入手困難。オークション等で手に入れるしかない。

戦前のコロムビア・レコードへの録音を中心にした『諏訪根自子の芸術』という2枚組のCDもリリースされていて、ドヴォルザーク《ユーモレスク》やマスネ《タイスの瞑想曲》といった小品が聴けるが、こちらも入手困難。

そんな折、2020年になってリリースされたのが本作。ニッポン放送のラジオ番組で収録された音源をCD化したもので、コンディションはさほどよくない。ノイズも多い。

けれど、諏訪根自子とバッハのドッペル・コンチェルトを共演するのは、同じ小野アンナ

門下の巌本真理。棒を振るのが齋藤秀雄。オケが桐朋学園オーケストラとくれば、本書に登場するキーパーソンが勢揃いだ。

とりわけ、いわゆる《無伴奏シャコンヌ（第5曲）》を含むバッハ《無伴奏ヴァイオリン・パルティータ第2番》は、白熱した名演。桐朋学園オーケストラの演奏も貴重だ。うまくはなったが、ついついシステマティック、あるいはオートマティックな演奏をしてしまう昨今のプロ・オーケストラのみなさんは、ご一聴あれ！

◆江藤俊哉

『江藤俊哉の芸術～RCAソロ・レコーディング集成』、ウィリアム・マセロス（ピアノ）、マイケル・トゥリー（ヴィオラ）、RCA Red Seal、1974年～78年

江藤俊哉が名門RCAに残したソロ・レコーディング（録音はすべて日本国内）を、オリジナル・アナログ・マスターテープからデジタル技術を駆使してリマスタリングした4枚組。当時のRCAのレコードジャケットには赤いロゴマークがついていて、ヴァイオリニストの

ヤッシャ・ハイフェッツ、ピアニストのウラディミール・ホロヴィッツ、アルトゥール・ルービンシュタインといったビッグネームが顔を揃えていた。

本作はバッハ《無伴奏ヴァイオリンのためのソナタ&パルティータ》のほか、ブラームス《ヴァイオリン・ソナタ全曲》、モーツァルト《ヴァイオリンとヴィオラのための二重奏曲》などを収録。ブラームスで共演したウィリアム・マセロスは、ブラームスとクララ・シューマンの弟子であるカール・フリードバーグに師事したピアニスト。モーツァルトで共演したマイケル・トゥリーは、グァルネリ弦楽四重奏団の名ヴィオリスト。

カーティス音楽院に学び、1951年にはカーネギー・ホールでデビューリサイタルを開いた江藤。RCAに残したこの4枚組は、そんな彼のまさに円熟期を切り取った記念碑である。使用楽器は1736年製グァルネリ・デル・ジェス。

RCAに残したヴァイオリン協奏曲が中心の『江藤俊哉の芸術』(CD4枚組)も必聴。

◆前橋汀子

ベートーヴェン《ヴァイオリン協奏曲》《ロマンス第2番》、秋山和慶(指揮)、オーケス

トラ・アンサンブル金沢、Sony Classical、２０２１年

２０２２年に演奏家活動60周年を迎えた前橋。60周年ですよ。そんな彼女の石川県立音楽堂でのライヴ録音である。

小野アンナ門下からスタートし、レニングラード、ニューヨーク、モントレー、そして世界中を駆け抜けたひとりのヴァイオリニストが弾く、入魂のベートーヴェン。棒を振る秋山和慶は１９４１年生まれ。テンポは遅め。でも、前橋のパッセージは若々しく速い。トリルも軽やか。愛器１７３６年製のグァルネリ・デル・ジェスもよく歌っている（その艶やかな音色ときたら）。オーケストラ・アンサンブル金沢のサポートもいい。

もちろん、若い頃のような鉄壁のテクニックはない。けれど、日本にもこれだけ長いキャリアを持ち、最前線で舞台に立ち続けているヴァイオリニストがいるだけでも奇跡に近いことだ。２０２３年夏には事務所を移籍し、２０２４年もコンサートの予定が目白押し。機会があれば是非。

◆今井信子

『ヴィオラの饗宴 Vol.I』『ヴィオラの饗宴 Vol.II』、川崎雅夫（ヴィオラ）、店村眞積（ヴィオラ）、深井碩章（ヴィオラ）、フリードリッヒ・ヴィルヘルム・シュヌアー（ピアノ&チェンバロ）ほか、Meister Music、１９９４年

日本を代表するヴィオリスト４人が集結したまさに「ヴィオラの饗宴」。カザルスホールでのライヴ音源も含むこの2枚は、ブラームス《ヴィオラ・ソナタ第１番》、ヴィオリストなら誰でも弾いてみたいと思っている（らしい）キラーチューンの《第2番》のほか、ヒンデミット《ヴィオラ・ソナタ》、ブリッジ《2つのヴィオラのためのラメント》、ショスタコーヴィチ《ヴィオラ・ソナタ》、バルトーク《44の二重奏曲より第38番、第28番、第42番》という、主要なヴィオラ作品を一気に網羅している。『ヴィオラの饗宴 Vol.II』にラストには、今井信子の十八番、バッハ《ブランデンブルク協奏曲第6番》が収録されている。

ヴィオラへの転向を勧められているヴァイオリン専攻のあなた、とりあえず一聴してみようか。ヴィオラだとピッツィカートの音まで温かいよ。

◆**藤川真弓**

ベートーヴェン《ヴァイオリン・ソナタ第9番「クロイツェル」》、フランク《ヴァイオリン・ソナタ》、マイケル・ロール（ピアノ）、日本コロムビア、1971年

1970年のチャイコフスキー国際コンクールで2位（1位はギドン・クレーメル）になった藤川真弓。翌1971年に録音された人気曲のカップリング。

ザルツブルクのクレスハイム城で録音された本作、才気ほとばしる《クロイツェル・ソナタ》もさることながら、4楽章で構成されるフランク《ヴァイオリン・ソナタ》は聴きもの。1963年のリーズ・ピアノ・コンクールで1位になったマイケル・ロールのメリハリのきいたピアノと、時に嘆き、時に唸るような藤川のヴァイオリンとの丁々発止が素晴らしい。

藤川は契約の関係でEMIやDECCAに録音したモーツァルト《ヴァイオリン協奏曲集》などがよく知られているが、当初ドイツのオイロ・ディスク社からリリースされた本作は30年以上、再リリースが待望されていた幻の名盤だ。

◆安永徹

『木もれ日の径～円熟のデュオによるソナタと小品集～』 市野あゆみ（ピアノ）、ALM RECORDS、２００８年

ヴァイオリンの安永徹とピアノの市野あゆみ夫妻という、日本でも屈指のデュオによる珠玉のアルバム。

囁き合うような、語り合うようなモーツァルト《ピアノとヴァイオリンのためのソナタ第28番》やブラームス《ピアノとヴァイオリンのためのソナタ第2番》。エルガーの《夜の歌》《朝の歌》、ブーランジェ《ノクターン》《行列》に続き、ピアソラ《言葉の無いミロンガ》、シューマン《夕べの歌》《私のバラ》と柔らかく、優しい歌はさながら秋のヨーロッパの森を思わせる。

ラストに待っているクライスラーの《愛の哀しみ》という意味ありげな選曲もまたいいかも知れない。

彼らは日本各地でデュオの演奏会を開いたり、室内楽のマスタークラス等で後進の指導に当たったりと、ゆったりとしたペースで活動している。しばらく活動はないが、ベルリン・

フィルハーモニー管弦楽団の首席奏者たちを揃えたベルリン・フィル カンマーゾリステンというアンサンブルでの復活も待たれる。

◆**堀米ゆず子**

ブルッフ《ヴァイオリン協奏曲第1番》、ブラームス《ヴァイオリン協奏曲》、アレクサンドル・ラザレフ（指揮）、日本フィルハーモニー交響楽団、ジョアン・ファレッタ（指揮）、チェコ・フィルハーモニー管弦楽団、ＥＸＴＯＮ、２０１３年、15年

アレクサンドル・ラザレフの指揮で日本フィルハーモニー交響楽団と共演したブルッフのコンチェルトは、サントリーホールでのライヴ録音。惚れ惚れするような見事な歌いっぷりだ。以前から玄人ウケするヴァイオリニストといわれていたけれど、日本にもちゃんとヴィルトゥオーゾがいるんだということを再認識する。

一方、ジョアン・ファレッタの指揮でチェコ・フィルハーモニー管弦楽団と共演したブラームスのコンチェルトは、プラハのドヴォルザークホールでのセッション録音。堀米も気持

ちよさそうにこの名曲を愛しんで弾いてる。ドヴォルザークホールのあの独特の残響も心地よい。

◆**千住真理子**

心の叫び〜イザイ《無伴奏ヴァイオリン・ソナタ全曲（完全版）》、Universal Music、2014年、20年

1993年にリリースしたイザイ《無伴奏ヴァイオリン・ソナタ全曲》の再録音。いわゆるひとつのリベンジである。

「完全版」と謳われた本作には、最近になって発見されたイザイの手書き譜の「第6番」と書かれたハ長調の未完成のソナタも収録。1716年製ストラディヴァリウス「デュランティ」でのイザイ録音はもちろん初めてとなる。

千住自身がこだわったイザイ作品。前作はなんだか苦しそうに弾いていた印象が強いのだけれど、肩の力がぬけた部分もあり、音色と表情の幅が飛躍的に広がった。世界観が広がっ

たといってもいい。

そろそろ彼女を「イザイ弾き」と呼んでもいいのかも知れない。

◆竹澤恭子

ブラームス《ヴァイオリン・ソナタ集》、イタマール・ゴラン（ピアノ）、RCA Red Seal、２００９年

竹澤恭子のブラームスは、２０１１年の「ラ・フォル・ジュルネＴＯＫＹＯ」で《第２番》を聴いた。ピアノは加藤洋之。このアルバムがリリースされてしばらくしてからだ。しっかりと美しい音、明確なフォルム、それでいてロマン派きってのおセンチな男、ブラームスっぽさも満載のヴァイオリン・ソナタ。

クラシックのレコード・ＣＤには金看板といえばDeutsche Grammophonの（文字通りの）金色のロゴであり、それはヨーロッパ文化の誇りたる極上のクラシック音楽を担保するもの。自らのレコード・ＣＤにこのロゴを掲げることができるアーティストは同様のステー

タスを得ることができる。

一方、アメリカを中心とするクラシック音楽の世界にも同様の金看板がある。それは金色ではなく赤い刻印、すなわちRCA Red Sealだ（江藤俊哉のところも参照あれ）。本文中に登場する、諏訪根自子の父親がせっせと集めていた「ビクターの赤盤」がそれだ。

竹澤恭子は、その赤盤でレコードをリリースすることが許された数少ない日本人アーティスト（ほかには小澤征爾、東京クヮルテット、江藤俊哉など）なのだ。

◆川井郁子

『オーロラ』、シンフォニア・フィンランディア、朝川朋之（ハープ、パイプオルガン）、塩入俊哉（シンセサイザー）、渡辺峨山（尺八）、齋藤順（ベース）、梯郁夫（パーカッション）、菅原裕紀（パーカッション）、天野清継（ギター）、浜田均（マリンバ）、フェビアン・レザ・パネ（ピアノ）、Victor Entertainment、２００３年

フィンランドのユバスキャラと東京で録音されたコンセプト・アルバム。

《オーロラ》《光と風のミューズ》《ミスティ・フォレスト》《ランスタン》《インスティンクト・ラプソディー》は川井自身のオリジナル曲。そして、ひたひたと物悲しいヴァイオリンの音色が際立つ映画音楽《ロシアより愛をこめて》を除くすべての曲の編曲を、川井自身が手がけている。これはすごい。

ホルストの《交響曲「惑星」～ジュピター》やバッハとヴィターリのそれぞれの《シャコンヌ》をコラージュした《ヴァイオリン・ミューズ・ドラマティック》、伝承歌《ロンドンデリーの歌》などおなじみのメロディも心地よい。

北欧の白夜を思わせるクリアなサウンドの中に、川井のヴァイオリンは落ち着いたトーンを貫く。クラシックとも現代音楽とも違う、新しい景色を見せてくれる一枚。

◆**五嶋みどり**

メンデルスゾーン《ヴァイオリン協奏曲》、ブルッフ《ヴァイオリン協奏曲第1番》、マリス・ヤンソンス（指揮）、ベルリン・フィルハーモニー管弦楽団、Sony Classical、2002年、03年幼い頃の活躍からアメリカのヴァイオリニストというイメージが強かった五嶋みどり。そのアクロバティックな奏法・ステージングのイメージを払拭するのに、けっこうな時間がかかった。弟・五嶋龍は涼しい顔でドイツ・グラモフォンの専属アーティストとして活躍しているのに。

メンデルスゾーンもブルッフも、ベルリン・フィルハーモニー管弦楽団との共演で、ベルリンでのライヴ録音である。『世界のＭＩＤＯＲＩ』と謳われたPhilipsでの録音をさんざん聴いた世代にとって、まるで中央ヨーロッパで育ったヴァイオリニストのようにメンデルスゾーンやブルッフのコンチェルトを弾く五嶋も感慨深い。

◆諏訪内晶子

バッハ《無伴奏ヴァイオリンのためのソナタとパルティータ》、ＤＥＣＣＡ、２０２１年

ＣＯＶＩＤ―19のもたらしたパンデミック（コロナ禍）はとても厄介なものではあったけ

れど、音楽家とりわけ演奏家をいつものように新曲をさらいツアーと録音とを繰り返すサイクルから解放した。特に彼女の場合は、自ら立ち上げた「国際音楽祭ＮＩＰＰＯＮ」の運営もあって、ずっと多忙を極めていたから尚更だ。

ちょうどこの時期、諏訪内は相棒だった１７１４年製ストラディヴァリウス「ドルフィン」にさよならを告げ、１７３２年製グァルネリ・デル・ジェス「チャールズ・リード」を彼女の人生に迎え入れた。コロナ禍はこのイタリアン・オールドの名器と向き合うのにうってつけの時期だったのだ。

こうしてオランダのバーン（ホワイト・チャーチ）で録音されたバッハの金字塔《無伴奏ヴァイオリンのためのソナタとパルティータ》は、諏訪内＆ドルフィンのあの煌びやかな音に慣れている耳には少し物足りなく感じるかも知れない。しかし、聴き進めていくうちに表れる重低音の響き、倍音の心地よさ、これってバッハの知られざる横顔——光の当て方によって名画の印象が違うように——と思わされる斬新なバッハだ。

もちろん、何を弾かせてもほぼ完璧に近いパフォーマンスをする領域に達しているヴァイオリニストなので、バッハ以外のタイトルをチョイスされてもかまわない。どのＣＤも若きヴァイオリニストのお手本になるはずだから。

◆樫本大進

ブラームス《ヴァイオリン協奏曲》、チョン・ミョンフン（指揮）、シュターツカペレ・ドレスデン、Sony Classical、２００６年

シーズン中はベルリン・フィルの第1コンサートマスターとしてベルリンにはりついている。シーズンオフは、音楽監督を務める「ル・ポン国際音楽祭」（彼の故郷の赤穂と姫路で開催される室内楽の音楽祭）の仕事が忙しい。このまま、ソリストとしての樫本大進を眠らせていいのか、と本作を聴きながらつくづく思う。

スキルの高さは当然のことながら、ドイツ音楽への理解の深さ、それを楽音に表現する力量、もとよりオーケストラで何が起こっているのかを瞬時に判断する能力は並の指揮者よりも高い。この人とはオケもやりづらいだろうし、指揮者も気を抜けないはずだ。

そんな中、チョン・ミョンフンと名門シュターツカペレ・ドレスデンとのブラームスは、樫本自身、重い荷物を肩から下ろし、久しぶりにひとりのソリストとして思う存分弾いてる感じが素晴らしい。このまま、ソリストとして世界中を駆け巡ってほしいくらいだ。

ドレスデン、ゼンパーオーパー（ザクセン州立歌劇場）でのライヴ録音。

◆**宮本笑里**

『classique』、佐藤卓史（ピアノ）、Sony Classical、２０１８年

２０１７年にデビュー10周年を迎えた宮本笑里が放つヴァイオリン名曲集。エルガー《愛のあいさつ》、クライスラー《美しきロスマリン》、サラサーテ《ツィゴイネルワイゼン》とおなじみの曲が続き、チャイコフスキー《メロディ》やラフマニノフ《ヴォカリーズ》、クライスラー《愛の悲しみ》《愛のよろこび》のあと、バルトーク《ルーマニア民俗舞曲》を配置したところが興味深い。

バルトークのリズミカルな6曲を終えると、グルック《メロディ》、伝承歌《ロンドンデリーの唄》、フォーレ《シシリエンヌ》と続き、ラストはバッハ《主よ、人の望みの喜びよ》というカンタータで終える。ラフマニノフやバッハは再録音というあたり、アーティストとしての矜持が見え隠れする。

◆木嶋真優

『Rise』、江口玲（ピアノ）、EXTON、2016年

TVでの露出が多いヴァイオリニストのひとり、木嶋真優の名刺代わりの一枚。1曲目のサン＝サーンス《序奏とロンド・カプリッチオーソ》から、コンクールで誰かがこんな演奏をしたらほぼ全員が「今日は私のコンクールじゃなかったな」と自信を失うほどの天才っぷりが炸裂。

フバイ《カルメンによる華麗な幻想曲》も同様に、軽やかにこの難曲を弾き倒してる。チャイコフスキー《ワルツ〜スケルツォ》で優雅に歌ったかと思えば、イザイ《悲劇的な詩》ではしっとりと囁き、嘆いてみせる。

怪しげなトーンや魅力的な声色が表出するフォーレ《ヴァイオリン・ソナタ第1番》を挟み、フォーレ《夢のあとに》はハッとするほど物悲しい。

抜群のテクニックもさることながら、表情づけの引き出しも多い。元・天才少女からヴィルトゥオーゾへと、既に脱皮は完了している。

◆庄司紗矢香

ベートーヴェン&シベリウス《ヴァイオリン協奏曲》、ユーリ・テミルカーノフ（指揮）、サンクトペテルブルク・フィルハーモニー交響楽団、Deutsche Grammophon、2017年

最近はモディリアーニ弦楽四重奏団と共演したり、劇作家・平田オリザとコラボをしてみたりと多彩なフィールドで活躍している庄司。私はいつかの「ラ・フォル・ジュルネＴＯＫＹＯ」でブラームスの《ドッペル・コンチェルト》を見たのだけれど、やっぱりオーケストラと堂々と渡り合う彼女もいいと思う。

本作は、ユーリ・テミルカーノフの指揮でサンクトペテルブルク・フィルと共演したベートーヴェンとシベリウス。ベートーヴェン《ヴァイオリン協奏曲》のカデンツァは彼女のオリジナルで、ここは聴きどころのひとつだ（ヴァイオリニストのルッジェーロ・リッチは14人の作曲家のカデンツァをつけたベートーヴェンのコンチェルトを録音している）。

そして、シベリウス《ヴァイオリン協奏曲》。第1楽章は澄みわたる清廉な歌、吹き荒れる冬の嵐、荒れ狂う冷たい海。一転して穏やかに囁く第2楽章。ロンド形式の第3楽章は、怪しげなダンスの饗宴。庄司紗矢香はさまざまな声色を持っている。

◆神尾真由子

チャイコフスキー《ヴァイオリン協奏曲》、プロコフィエフ《ヴァイオリン協奏曲第2番》、トーマス・ザンデルリング（指揮）、ハレ管弦楽団、RCA Red Seal、2010年

チャイコフスキー国際コンクールで優勝すると、受賞後のガラ・コンサートでチャイコフスキーのコンチェルトをモスクワの聴衆の前で演奏することができる。さながらショパンのコンチェルトをショパン国際ピアノコンクールのファイナリストが演奏するように。

チャイコフスキー国際コンクールの場合は、ピアニストなら《ピアノ協奏曲第1番》、ヴァイオリニストなら《ヴァイオリン協奏曲》というともに名曲と呼ばれる最強チューンを優勝者が演奏する。けれど、優勝してこのコンチェルトを演奏しても、そこから逃げ出すように演奏しなくなる演奏家も多い。それくらい、チャイコフスキーのコンチェルトはヘビーで厄介な曲なのだ。

そうした中、神尾真由子のようにチャイコン（チャイコフスキーのコンチェルト）を代名詞にしてしまうヴァイオリニストはそう多くない。涼しい顔で、バリバリ弾く。艶やかで、流麗で、豊かなトーンで。彼女はこの曲がよく似合う。

いかにもスラブっぽい節回しも登場するプロコフィエフの《ヴァイオリン協奏曲第2番》もいい。そんな贅沢な2曲のカップリング。

◆五嶋龍

『パガニーニアーナ』、マイケル・ドゥセク（ピアノ）、Deutsche Grammophon、2009年

空手に夢中になっていた少年時代から、みるみるヴァイオリンが上達する青年までの10年間を切り取ったドキュメンタリー番組（『五嶋龍のオデッセイ』フジテレビ）を見ていて五嶋龍の活躍を他人事とは思えない人も多いと思うのだけれど、まさかここまでのヴァイオリニストになるとは想像もつかなかった。

やばいくらいに美しい音、ほぼ完璧に近いアーティキュレーション。高度なテクニックもそれが難しいとは聴くものに思わせない。こんなに若いのにヴァイオリニストとして足りないものは見当たらない。

ベートーヴェン《ヴァイオリン・ソナタ第5番「春」》で始まり、名ヴァイオリニストのナタン・ミルシテインの《パガニーニアーナ》、サン＝サーンス《ヴァイオリン・ソナタ第1番》《序奏とロンド・カプリッチョーソ》まで、息つく間もないくらいに楽しませてくれる。サントリーホールでのライヴ録音。

◆**佐藤晴真**

『The Senses ～ブラームス作品集～』、大伏啓太（ピアノ）、Deutsche Grammophon、2020年

22歳で2019年のミュンヘン国際音楽コンクールの1位になったチェリスト佐藤晴真のファースト・アルバム。いきなりの名門ドイツ・グラモフォン・デビューです。オール・ブラームス・プログラムながら、《チェロ・ソナタ第2番》から《子守唄》まで、甘くて豊かな響きを持つ佐藤のチェロを堪能できるアルバム。

《メロディーが導くように》というタイトルの曲は《メロディのように》と呼ばれている歌

曲（作品105－1）だし、《森に覆われた山の上から》（作品57－1）、《死、それは涼しい夜》（作品96－1）とブラームスの〝もうひとつの顔〟ともいうべき歌曲からの小品が並ぶ。人の声にもっとも近いといわれているチェロという楽器の特徴をうまく活かした心憎い構成だ。

このあと、毎年のように『SOUVENIR～ドビュッシー＆フランク作品集』、『歌の翼に～メンデルスゾーン作品集』とニューアルバムを発表しているので、そちらも是非。

◆三浦文彰
『ツィゴイネルワイゼン～名曲コレクション』、田村響（ピアノ）、avex CLASSICS、２０１６年

２００９年にはハノーファー国際コンクールで1位になった。16歳の時だ。大河ドラマ『真田丸』（ＮＨＫ）のメインテーマを担当したのは２０１６年。同じ年に録音された本作はヴァイオリンの名曲を揃えたド直球の一枚。

1曲目のヴィエニャフスキ《華麗なるポロネーズ第1番》から、艶のある明るい音が飛び

出す。タルティーニ《悪魔のトリル》で無類のテクニックを披露し、サラサーテ《ツィゴイネルワイゼン》で懐の深さ（ヴィルトゥオージティ）を垣間見せる。まだ20代で。

そう、20代だけれどその後、結婚してパパにもなった。そして今や30代。

そういえば、ピアノを弾いている田村響も20歳でロン=ティボー国際コンクールを制して天才と騒がれた人だった。本作は紀尾井ホールでのライヴ録音。ピアノでもヴァイオリンでも、天才は本番に強いんだなぁと再認識。

◆廣津留すみれ

メンデルスゾーン《ヴァイオリン協奏曲》+シャコンヌ、デア・リング東京オーケストラ、N&F、2021年

ハーヴァード大学とジュリアード音楽院、ともに首席で卒業したヴァイオリニスト廣津留すみれのデビューアルバム（廣津留すみれをamazonで検索すると、まずは彼女の著書がずらっと出てくる）。共演は、音楽プロデューサー&指揮者・西脇義訓《にしわきよしのり》が2013年に設立したデ

ア・リング東京オーケストラ（画期的な楽器の配置で話題になった）。

そんなフレッシュなコンビによる演奏会は、当初予定していたソリストのジョセフ・リンがコロナ禍で来日困難になり、ジュリアード音楽院でリンから室内楽を学んでいた廣津留すみれが代役としてステージに立った。当初、ジョセフ・リンは指揮者を置かないスタイルで演奏する方針だったことから、廣津留すみれも「メンコン」で弾き振りをすることになった。モーツァルトでもないのに。

カップリングのバッハ《無伴奏シャコンヌ》は若々しく素朴なバッハ。

◆周防亮介

パガニーニ《24のカプリース》、EXTON、2021年

「無伴奏のリサイタルは普通のリサイタルに比べて集中力もエネルギーも覚悟も全て倍ほど必要で、精神的には大変ですが終わると何故かまた挑戦したくなります」（2023年9月18日の「X」のポスト）

と周防亮介本人が語るのはバッハ《無伴奏パルティータ第1番》《第2番》とイザイ《ヴァイオリン・ソナタ第4番》などを演奏した東京文化会館の「無伴奏ヴァイオリン・リサイタル」についてだ。

本作に収められているのは、周防亮介渾身のパガニーニ。無伴奏の難曲だ。「重音奏法（お得意のフラジオレットは除く）」やら「左手ピッツィカート」やらといった「超難関テクニック」がふんだんに盛り込まれている《24のカプリース》。とにかく高度なテクニックがないと演奏できない。ヴァイオリニストにとってオソロシイ曲だ。

周防亮介はまるでバッハを弾くようにパガニーニを弾く。クリアな高音と深海に沈み込むような唸る低音。まるで気を抜けない。ダイナミックで大胆なボウイング、高速パッセージは正確かつ繊細。とりすましたジャケットでの表情からは想像がつかないくらいの熱く静かなパッションが込められている。

このアルバムに続いてリリースされた『ブラヴィッシモ〜ヴァイオリン無伴奏超絶技巧曲集』も是非。

◆上野通明

バッハ《無伴奏チェロ組曲（全曲）》、King International、2021年、22年

彼が〝スーパー高校生〟と呼ばれていた頃、新宿文化センターでドヴォルザーク《チェロ協奏曲》を聴いたことがある。オケは日本フィルハーモニー交響楽団、指揮者は西本智実。2014年のことだ。

あれから10年近くが過ぎ、あの時の高校生が大人になってジュネーヴ国際コンクールを制した（2021年）。マウリツィオ・ポリーニが2年かけても取れなかったあのジュネーヴだ。それにしても、20歳半ばでバッハ《無伴奏チェロ組曲》の全曲録音ときた。なんという伸びやかで明るい音。たとえば20年後に同じ曲を録音したら、まったく別の演奏になるだろう。それはそれで、きっと新たな驚きがあるのだろう。

上野はヨーヨー・マのバッハを聴いてチェロを志したという。だとすれば、こんなバッハもまたアリなのではないか。

◆石上真由子

ブラームス《ピアノとヴァイオリンのためのソナタ第1番》、鈴木優人（ピアノ）、DENON、2022年

ロベルト・シューマン《森の情景より第7曲「予言の鳥」》（ハイフェッツによるヴァイオリンとピアノ編）でスタートするこのアルバム。ロベルト・シューマンの妻クララ・シューマン《3つのロマンス》、ロベルトの愛弟子ブラームスの《ヴァイオリン・ソナタ第1番》を挟んで、夫ロベルト・シューマン《3つのロマンス》へと続く。最後にはロベルト・シューマンの編曲によるバッハ《ヴァイオリンとピアノのためのシャコンヌ》。《予言の鳥》で始まって《無伴奏シャコンヌ》で終わるという意味ありげなコラージュは、この3人の人間模様、あるいは恋模様を楽音で表現しようとする試みだ。彼らのさまざまに変化する心模様のように、石上のヴァイオリンも時に歌い（ブラームスでの初々しい歌いっぷりときたら）、時に囁き、さめざめと嘆きもする。鈴木のピアノはグッとこらえて平静を保とうとする大人のピアノ。

鈴木優人はオランダ生まれの鬼才。石上真由子は医学の道も諦めない多才な人。タイトル

通りの《雨の歌》（ブラームスのヴァイオリン・ソナタ第1番）でお茶を濁すような人たちではない。

◆服部百音

『リサイタル』、江口玲（ピアノ）、avex CLASSICS、2020年

『リサイタル』とタイトルされたこのアルバムだが、クライスラーの小品（愛のあいさつ等）のようなおなじみの曲は一切ない。

プロコフィエフ《ヴァイオリン・ソナタ第1番》の低音の唸りはイヴリー・ギトリスのようだし、エルンスト《「夏の名残のバラ」による演奏会用変奏曲》は決して朗らかなだけの歌ではない。シマノフスキ《夜想曲とタランテラ》の怪しくも物悲しい音色。

ショーソン《詩曲》では一転してみせる涼しげな淑女の微笑、あるいは、老獪で狡猾な老婆のまなざし。

そして、高音の美しさにハッとする瞬間も多いラヴェル《ツィガーヌ》まで、緊張の糸を

張り詰めたまま、じっとこちらを見ているようなヴァイオリン。この若さ（20代半ば）でここまでのヴァイオリンが弾けるということ自体、驚きだ。ドライな音色でサポートに徹している江口のピアノも絶妙。

◆東京クヮルテット

ベートーヴェン《弦楽四重奏曲第10番「ハープ」》、バルトーク《弦楽四重奏曲第1番》、ベルク《弦楽四重奏曲》 Hanssler Swr Music、1971年

東京クヮルテットといえば、金看板は2回に及ぶバルトーク《弦楽四重奏曲全集》の録音である。それはそれとして機会があれば是非聴いていただきたいのだけれど、ここではオリジナル・メンバーによる1971年のライヴ録音を紹介したい。

原田幸一郎（ファースト・ヴァイオリン）、名倉淑子（セカンド・ヴァイオリン）、磯村和英（ヴィオラ）、原田禎夫（チェロ）のオリジナル・メンバーによる東京クヮルテットは、1970年にミュンヘン国際音楽コンクールで1位になった。そんな新進気鋭のカルテットが、

シュヴェツィンゲン・フェスティヴァル（ＳＷＲ、現在の南西ドイツ放送が創設した音楽祭）で行ったリサイタルの模様を収録。若々しくて、尖っていて、それでいてテクニックは抜群のカルテット。この後に《弦楽四重奏曲全集》の録音をスタートさせるバルトークやベートーヴェンもこの録音で聴ける。

この後、１９７４年には名倉淑子、１９８１年には原田幸一郎が脱退。名倉に代わって入った池田菊衛《きくえい》は、創設メンバーのヴィオラの磯村和英とともに２０１３年の解散まで東京クワルテットを支えた。

名倉はその後、岡田伸夫（ヴィオラ）とともにドイツで過ごした。原田幸一郎や原田禎夫（チェロ）は帰国後、自ら演奏活動を続けながら後進の指導にあたる道を歩んでいる。

そんな彼らの原点がここにある――。

◆葉加瀬太郎・高嶋ちさ子・古澤巌

『BEST OF THE THREE VIOLINISTS』、ハッツ・アンリミテッド、2016年ほか

誰が呼んだか3大ヴァイオリニスト――。

確かに最も有名なヴァイオリニストだし、実力も申し分ない。メディアの露出も圧倒的に多い3人のコンピレーション・アルバムは、とにかく聴いていて楽しい一枚。それぞれのオリジナル曲や得意曲がずらっと並ぶ中、クラシックの大家の曲をグッと聴きやすくした『SWINGIN' VIVALDI』や『SWINGIN' BACH』など工夫やアイディアも満載。ラストの3曲がフィギュア・スケート等でおなじみのモンティ《チャールダッシュ》、CM等でよく耳にするピアソラ《リベル・タンゴ》、そして葉加瀬太郎の『情熱大陸』。

誰もがそのメロディを知っている『情熱大陸』というキラーチューンを持つのが葉加瀬太郎の強みで、自身のライヴやイベントのアンコールでも『情熱大陸』を繰り出す。

ともかく、ヴァイオリンという楽器に興味を持つきっかけとして、3大ヴァイオリニストのこのアルバムはうってつけだ。

◆川久保賜紀・遠藤真理・三浦友理枝トリオ

ショスタコーヴィチ《2つのヴァイオリンとピアノのための5つの小品（ピアノ三重奏版）》《ピアノ三重奏曲第1番》《ピアノ三重奏曲第2番》、avex CLASSICS、2019年

2001年のサラサーテ国際ヴァイオリン・コンクール1位の川久保賜紀、同年のマリア・カナルス国際音楽コンクール・ピアノ部門1位の三浦友理枝、2006年の「プラハの春」国際コンクール・チェロ部門3位（1位なし）の遠藤真理によるピアノトリオは、このアルバムを録音した時点（2019年）で結成10周年。これだけの才色兼備の音楽集団が10年続いているのも驚きだが、トリオとしての深みや味わいも加わって、出色のアルバムに仕上がっている。

最近は逝去した坂本龍一作品を演奏して好評を博している。紀尾井ホールやサントリーホールでの演奏会も成功した。拙著『日本のピアニスト』にも書いたが、しかるべきキャッチーなネーミングを冠してアメリカ・アジアをツアーで回れば大スターになる可能性が大きい。どうでしょう、映画音楽などを手がけてグラミー賞あたりを狙ってみては。

◆サイトウ・キネン・オーケストラ

チャイコフスキー《弦楽セレナード》、モーツァルト《アイネ・クライネ・ナハトムジーク》、小澤征爾（指揮）、DECCA、1992年

サイトウ・キネン・オーケストラのとりわけ弦の美しさが際立つ《弦楽セレナード》。美しいだけではない。深淵なる世界が奥へ奥へと広がっていくような弦楽器の響き。おなじみのあの甘いメロディに引き込まれる第1楽章。さながら19世紀の舞踏会へタイムスリップしたような芳しくも芳醇な香りがする第2楽章（ワルツ）。第3楽章（エレジー）の静謐《せいひつ》な囁き。第4楽章の精緻なアンサンブルは、そのままモーツァルトの2曲へと引き継がれていく。

《ディヴェルティメント ニ長調》、そして《アイネ・クライネ・ナハトムジーク》。

特にアイネクは、モダン楽器によるアンサンブルでは最高水準だ。モーツァルトが作曲したこの曲を「欠点のないなんと完璧な音楽だろう」と聴いている者に思わせている時点で、小澤征爾とサイトウ・キネン・オーケストラの勝利なのだ。

◆水戸室内管弦楽団

シューベルト《死と乙女》、マーラー《アダージェット》、吉野直子（ハープ）、Sony Classical、1993年

シューベルト《死と乙女》は《弦楽四重奏曲第14番「死と乙女」》をマーラーが弦楽アンサンブルのために編曲したもの。マーラー《アダージェット》は、《交響曲第5番》の第4楽章だ（この楽章は弦楽器とハープのみで演奏される）。

水戸芸術館の吉田秀和館長が「日本の内外から優秀な人材を集め室内管弦楽団にしよう」と水戸室内管弦楽団を創設したのは1990年。指揮者を置かない、世界水準のチェンバー・オーケストラが誕生した。

せっかくなので、録音参加メンバーを列挙しますよ。ヴァイオリンに安芸晶子、久保田巧、白石禮子《れいこ》、宗倫匡《そうともただ》、田中直子、徳江尚子《ひさこ》、中村静香、名倉淑子、沼田園子、堀伝《ほりただし》、渡辺實《み》和子《わこ》、ヴィオラに江戸純子、岡田伸夫、モーリン・ガラガー、川崎雅夫、チェロに秋津智承《ちしょう》、堀了介、松波恵子、向山佳絵子、コントラバスに黒木岩寿《いわひさ》、永島義男。

水戸室内管弦楽団の記念すべきデビューアルバムとなる本作。《死と乙女》の精緻なアン

サンブルもさることながら、《アダージェット》で展開する幸せな音の洪水。特に、息が詰まるような甘く濃密なトゥッティときたら……。

できれば演奏会に足を運んでいただきたいところだが、ほとんどがホームグラウンドの水戸での公演。まずは、ＣＤからどうぞ。

あとがき

原稿執筆まっ只中。２０２３年夏の夜。母校・大阪芸術大学のプロムナードコンサートをサントリーホールで見た。指揮は大友直人。ピアニスト・今川裕代准教授のお声がけだ。

目から鱗が出たのは、名手２人のヴァイオリン演奏である。

もちろん演奏そのものも素晴らしいものだったが、川井郁子の弾くヴァイオリンのヴォルフトーンがグァルネリ・デル・ジェスっぽいなと思ったし、三浦文彰のヴェールを纏ったようなキラキラした高音はストラディヴァリウスかなと思った。

だが、実はその逆で、川井郁子がストラディヴァリウス、三浦文彰がグァルネリ・デル・ジェスを弾いていたのだ。

演奏するヴァイオリニスト、曲、ホール、オーケストラ、その他さまざまなファクターでヴァイオリンの音はいかようにも変化する。

そして、何より、イタリアン・オールドもしかるべきヴァイオリニストに弾いてもらってナンボなのだ、ということを再確認した夜だった。


ヴァイオリンがヴァイオリニストを選ぶのだ――。


前著『日本のピアニスト』の冒頭で、「女優とピアニストは職業ではない」と書いてピアニストのみなさんをギョッとさせてしまった。ごめんよ、真理恵先生。

では、ヴァイオリニストはどうなのか――。

極論をいってしまうと、ヴァイオリンという楽器に選ばれし者がヴァイオリニストだ。ヴァイオリンを手にしたことがある方は分かると思うけど、最初はちゃんと音が出てくれない。そこから、イタリアン・オールドを歌わせるまでが果てしなく遠い。

吉村妃鞠がなぜ神童なのか――。

あの年齢で、ヴァイオリンという楽器から歌を引き出すことができているからだ。

友人のヴァイオリニスト会田桃子に訊いてみたら、自身が通っていたヴァイオリンの個人レッスンに、飛行機や新幹線で東京まで通う生徒さんもいたという。

「高校、大学には桁違いのお金持ちも結構いましたね。桐朋はお嬢様多かったです」と。お金持ちで思い出したけど、10年ちょっと前、慶應義塾ワグネル・ソサィエティー・オーケストラをすみだトリフォニーホールで見たことがある（OBの指揮者・藤岡幸夫《さちお》のお声がけだ）。このオケはヴァイオリンのレベルが思いのほか高かった。みんな個人レッスンに通ってたんだね。

それにもまして、会場を包むあの独特の雰囲気！　ちょっとやらかした金管楽器奏者をみんなでリカバリーしようとする、あの全能感あふれる空気――。

終演直前のメンバー紹介の時、くだんの金管楽器奏者がいちばん拍手が多いってどうゆうことよ。弦楽器奏者のみなさんなんて、ほぼ全員で弓でプルト（譜面台）をとんとん叩いて激励してたからね。もう一度いうけど、彼はファインプレーをしたのではなく、やらかしちゃっただけですよ。

２０２３年夏の甲子園の決勝で慶應義塾高校への過度な応援が批判されていたけれど、あの一件でこの時の慶應ワグネルの演奏会を思い出した。あの空気感ですよ。塾生同士の一体感――solidarity――は、かくも強いのである。このエスタブリッシュメントの象徴のような学校とヴァイオリンという楽器の親和性ときたら……。

一方で、ストラディヴァリウスの購入資金がなくて困っている卒業生には冷たい。よく分からん。

ま、でも、サントリーホールで母校・大阪芸術大学のオケを見たときには、やっぱり特別な感情が湧き上がった。母校にオケがあるのはいいものである。

さて、本書で4冊目のお付き合いになりました小松現編集長。今回もありがとうございます！　それにしても、仕事抱えすぎです編集長。

読者の皆様にも。ありがとうございます。

ヴァイオリン、がんばってね。もちろんヴィオラも、チェロも、コントラバスも！

本間ひろむ

2023年12月

参考文献

『ヴァイオリン&ヴァイオリニスト』音楽の友編（音楽之友社）
『日本のヴァイオリン史』梶野絵奈（青弓社）
『音楽家の伝記　はじめに読む　1冊　幸田延』萩谷由喜子（ヤマハミュージックメディア）
『諏訪根自子　美貌のヴァイオリニスト　その劇的生涯』萩谷由喜子（アルファベータ）
『朝比奈隆　わが回想』朝比奈隆　矢野暢（徳間文庫）
『私のヴァイオリン　前橋汀子回想録』前橋汀子（早川書房）
『ヴァイオリニストの領分』堀米ゆず子（春秋社）
『嬉遊曲、鳴りやまず　斎藤秀雄の生涯』中丸美繪（新潮文庫）
『日本のピアノ100年』前間孝則・岩野裕一（草思社）
『ヴァイオリニスト33　名演奏家を聴く』渡辺和彦（河出書房新社）
『ヴァイオリニスト　20の哲学』千住真理子（ヤマハミュージックメディア）
『ヴァイオリニストは音になる』千住真理子（時事通信社）
『千住家にストラディヴァリウスが来た日』千住文子（新潮文庫）
『ヴァイオリニスト　今日も走る！』大谷康子（KADOKAWA）
『バイオリニストは目が赤い』鶴我裕子（新潮文庫）

『バイオリニストは弾いてない』鶴我裕子（河出書房新社）
『ヴァイオリンと翔る』諏訪内晶子（ＮＨＫライブラリー）
『修復家だけが知るストラディヴァリウスの真価』中澤宗幸（毎日新聞出版）
『音楽』小澤征爾　武満徹（新潮文庫）

本間ひろむ（ほんまひろむ）
1962年東京都生まれ。批評家。大阪芸術大学芸術学部文芸学科中退。専門分野はクラシック音楽評論・映画批評。著書に『ユダヤ人とクラシック音楽』『アルゲリッチとポリーニ』『日本のピアニスト』（以上、光文社新書）、『ヴァイオリンとチェロの名盤』『ピアニストの名盤』『指揮者の名盤』（以上、平凡社新書）、『3日でクラシック好きになる本』（KKベストセラーズ）ほか。新聞・雑誌への寄稿のほか、ラジオ番組出演、作詞作曲も手がける。

日本《にほん》のヴァイオリニスト　弦楽器奏者《げんがっきそうしゃ》の現在《げんざい》・過去《かこ》・未来《みらい》

2024年1月30日初版1刷発行

著　者 ― 本間ひろむ
発行者 ― 三宅貴久
装　幀 ― アラン・チャン
印刷所 ― 堀内印刷
製本所 ― ナショナル製本
発行所 ― 株式会社光文社
東京都文京区音羽1-16-6（〒112-8011）
https://www.kobunsha.com/
電　話 ― 編集部03（5395）8289　書籍販売部03（5395）8116
業務部03（5395）8125
メール ― sinsyo@kobunsha.com

　ISBN 978-4-334-10198-5

光文社新書

1289

ボロい東京

三浦展

錆、苔、扉、管、看板、郵便受け……。ボロいのに、いや、ボロいからこそ美しい。ありふれたようで失われつつあるボロい風景の数々を、十数年撮りためたスナップから厳選した写真集。

978-4-334-10172-5

1290

日本のクラシック音楽は歪んでいる
12の批判的考察

森本恭正

これまで日本で検証されてこなかった「真実」とは――。私たちは何を見逃し、聴き逃してきたのか。作曲家・指揮者が、二十年を超える思考の上に辿り着いて示す、西洋音楽の本質。

978-4-334-10196-1

1291

「生命の40億年」に何が起きたのか
生物・ゲノム・ヒトの謎を解く旅

林純一

40億年前に誕生し、姿形を変えながら現在まで連綿と命をつないできた生き物たち。その本質とは一体何なのか。常識を疑った先に広がる、ユニークな生き物たちの世界を描いた意欲作。

978-4-334-10197-8

1292

日本のヴァイオリニスト
弦楽器奏者の現在・過去・未来

本間ひろむ

日本におけるヴァイオリン受容史から、「歴史的名器」をめぐる逸話、新世代の弦楽器奏者まで、「楽器に選ばれし者」の物語。【日本のヴァイオリニスト・ディスコグラフィ30】付録付き。

978-4-334-10198-5

1293

在宅緩和ケア医が出会った
「最期は自宅で」30の逝き方

髙橋浩一

どこで、どのように過ごし、最期の時を迎えるか。希望をどう叶えるか。在宅緩和ケアに取り組んできた医師が紹介する、患者との出会いから看取《みと》りまでの数々のストーリーから学ぶ。

978-4-334-10199-2